M

Mathematics

中小学数学课程
国际比较研究丛书

上海文化发展基金会图书出版专项基金资助项目

教育部人文社会科学研究基金"十二五"规划项目
"高中数学课程标准的国际比较研究（13YJA880003）"成果

上海文化发展基金会图书出版专项基金资助项目

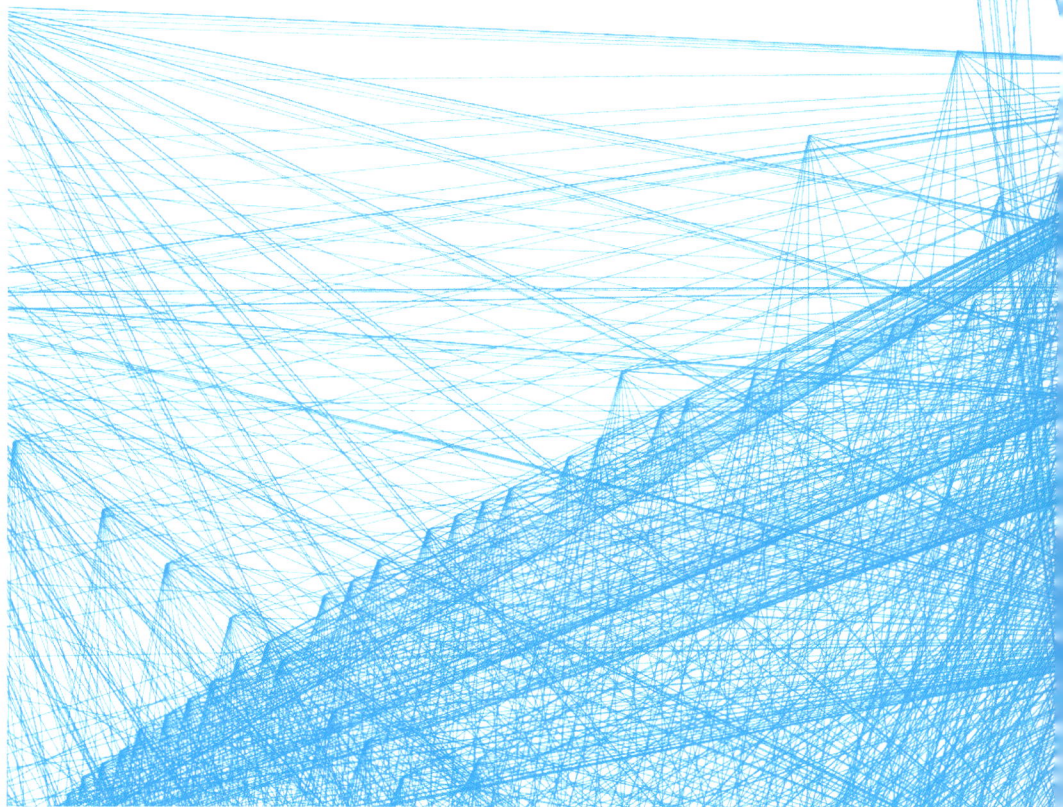

M
Mathematics

中小学数学课程
国际比较研究丛书

高中数学课程标准的
国际比较研究

GAOZHONG SHUXUE KECHENG BIAOZHUN DE
GUOJI BIJIAO YANJIU

曹一鸣 /丛书主编

曹一鸣 等/著

上海教育出版社
SHANGHAI EDUCATIONAL
PUBLISHING HOUSE

丛书序

经济的发展,社会的进步,越来越依赖于科学技术,而人力资源已成为其中的决定性因素,教育受到重视应该是一个必然的结果。应对时代发展的需求,世界各国从不同层面上加大了投入,开展教育改革。教育部在全国基础教育课程改革实验工作会议中指出"综观中外教育改革,无不把课程改革放在突出位置,把课程作为提高人才培养质量的关键来加以改革和建设"。

数学学科一直是各国基础教育课程中的核心学科,当然也是各国历次课程改革的重心。进入 21 世纪,诸多国家纷纷出台全国性的数学课程标准或国家层面的课程改革政策文件。我国教育部于 2001 年 7 月,颁布了《全日制义务教育数学课程标准(实验稿)》,2003 年 3 月颁布了《普通高中数学课程标准(实验)》,2011 年 12 月颁布了《义务教育数学课程标准(2011 年版)》,目前全国普通高中数学课程标准也正在修订之中。

美国相继出台了有关基础教育课程改革的一系列法案政策。早在 1989 年,美国科学促进会就出台了面向 21 世纪的基础教育改革计划——《普及科学——美国 2061 计划》。以乔治·布什为领导的共和党政府于 1991 年签发了指导美国基础教育改革的纲领性文件《美国 2000 年:教育战略》。以克林顿为领导的民主党政府 1994 年签署了《2000 年目标:美国教育法》以及 1997 年的国情咨文。2001 年,小布什政府制定了《不让一个孩子掉队》(No Child Left Behind,简称 NCLB)的教育改革计划。这些政策文件都反映基础教育课程改革在美国的重要程度。2000 年,由全美数学教师协会(National Council of Teachers of Mathematics,简称 NCTM)颁布了已准备十年之久的《数学课程标准》,并向全国推荐实施。2009 年 7 月,奥巴马政府制定了"力争上游(Race-to-the-top)"项目,以促进各州的基础教育课程改革,其中一项内容就是各州联合制定并使用与统一的 K‐12 标准和相应的学业评价标准。并于 2010 年 6 月,由全美州长协会(National Governors

Association,简称 NGA)与美国各州首席学校官员理事会(The Council of Chief State School Officers,简称 CCSSO)联合推出了《共同核心州数学课程标准》(Common Core State Standards for Mathematics)。英国在 1989 年形成全国统一的国家数学课程,1991 年和 1995 年进行了第一次和第二次修订。1997 年,布莱尔政府强调"教育、教育还是教育"是政府工作重心之一,对课程进行了改革。1999 年和 2007 年(仅限中学)又进行了第三次和第四次修订,并于 2011 年启动第五次修订。1999 年,英国课程与资格局修订并颁布了《英国国家课程标准》。2005 年、2006 年英国又相继颁布了最新《小学、初中英国国家课程标准》及《高中英国国家课程标准》,2013 年和 2014 年分别颁发了《2014 国家数学课程》的义务教育阶段和高中教育阶段的版本。澳大利亚也于 2010 年颁布了澳洲《全国统一数学课程标准》,并已于 2011 年开始推广,这也是澳大利亚第一个全国性的课程标准,并且逐步编制与课程标准相配套的教材。

21 世纪初启动的数学课程改革,至今已有十多年,新一轮的数学课程改革也已经拉开帷幕。当今社会,对公民数学素养的要求越来越高,越来越多样化,数学课程的改革面临着从数学内容的选择到呈现方式、教学方式、评价标准等多方面的改革,视角的不同往往会得出不同的结论,因此改革必须谨慎,必须从多种不同的视角展开深入的研究。纵观国际课程改革历史与经验教训,一个现实问题是,改革作为对现实的改进和对理想的追求,其本身并不一定必然导致进步,世界诸国在面对每一次教育与课程发展中的"问题"或"不适"进行改革时,总是成功与失败并存,当人们满怀激情地解决了一些问题的同时,新的问题又产生了,有时甚至一些理想中改革的"亮点",最终却成为最大的败笔。

因此,在研制课程改革方案以前,应做大量的研究工作,既要广泛听取数学家的意见,又要大量吸收数学教育专家的研究成果以及一线教师、教研员宝贵的实践经验。既要研究我国自身数学课程改革的历史和特点,又要深入研究国际数学课程发展,了解世界各国数学课程的变化、最新进展,以国际的视野,通过对比来审视本国的数学课程,传承本国数学课程中所特有的优良传统,紧随 21 世纪信息科技型社会的发展步伐,与时俱进地发展、更新知识,提出新要求。

自 2006 年起,我们从学习者的视角来进行中学数学课堂教学微观分析,系统地开始数学教育的国际比较研究。2011 年,在相关国际合作研究的基础上,选择了亚洲的日本、韩国与新加坡,欧洲的英国、法国、德国、俄罗斯、芬兰与荷兰,美洲的美国与加拿大,大洋洲的澳大利亚,非洲的南非等 13 个国家的数学课程标准进行研究。相继出版了《十三国数学课程标准评介(小学、初中卷)》和《十三国数学课程标准评介(高中卷)》,成功申报教育部人文社会科学基金规划项目"高中数学课程标准的国际比较研究"以及国家哲学社会科学基金"十二五"规划2012年教育学重点课题"中小学理科教材国际比较研究(初中数学)",开展对中国、美国、澳大利亚、英国、法国、德国、俄罗斯、日本、韩国、新加坡等国数学教材的国际比较研究。为此,国际研究的视角从开始的数学课堂教学比较,逐步延伸到数学课程标准、数学教材、数学学业评价等方面。

通过以上诸项目的研究,进一步加强了与国际数学教育研究者的联系,与美国范德堡大学、澳大利亚墨尔本大学、英国的剑桥大学、英国国王学院建立实质性的合作研究,成功联合申报一系列国际合作研究项目。研究团队分别在《教育研究》《中国教育学刊》《比较教育研究》《课程·教材·教法》《外国中小学教育》《教育科学研究》《数学教育学报》《数学通报》等杂志发表了一系列的相关研究论文,多位博士研究生基于比较的视角,从数学课程标准、数学教材、数学教学等方面开展了国际比较的研究,完成学位论文。我们一直有一个想法,希望能够整体发布、出版。2015年下半年,上海教育出版社刘祖希编辑来北京师范大学和我探讨交流数学教育研究发展问题,他主动提到上海教育出版社愿为数学教育界青年学者的成长提供支持,可以以我们团队的研究为基础,同时关注到国内其他青年学者,联合全国数学教育研究会,开展优秀博士论文评选资助出版,计划在"十三五(2016—2020)"期间陆续出版10册左右的中小学数学课程标准、教材、课堂教学的国际比较研究著作,这一想法很快得到了上海教育出版社王耀东副总编的大力支持,列入资助出版计划。

本选题作为国内第一套较为系统的数学课程领域国际比较研究丛书,其意义在于能为国内数学课程改革、国际数学课程比较研究、数学课程理论学科发展这三个方面起到推进作用。

1. 推动我国数学课程改革的理论研究和实践探索

课程标准成为指导教材编写、教师教学、学生考试评价等工作的重要依据。课程标准的出现及修订直接牵动着课程改革的方方面面,进而又影响着整个基础教育改革。因此,课程标准有着举足轻重的作用,对课程标准的研究还需要进一步的探索。关于数学课程标准的比较研究,旨在为基础教育数学职前教师、一线教师、在职培训教师、学校和地方的数学课程和教学负责人、教研员、教师教育的培训者、课程标准和教材的决策者和制定者,以及广大关注国际数学教育、关注数学课程改革的数学家、数学教育家、数学教育研究人员提供广阔的国际视野,了解更多国家的数学课程内容;同时,也为我国进一步发展和完善数学课程标准提供重要的参考和借鉴价值,服务于我国的基础教育课程改革实践,进一步推动课程改革的理论研究和实践探索,为我国数学课程改革铺路架桥。

2. 立足本土、借鉴国际

在课程改革理论研究和实践探索的过程中,离不开借鉴别国的经验。其他国家数学课程变迁中积累的经验、制胜的优势和存在的问题都是在课程改革的过程中沉淀的宝贵财富,无疑对我国的数学课程改革大有裨益,值得我们扬长避短、学习借鉴。本研究旨在用国际的视野看各国的数学课程,以全球的意识思考我国的数学课程,立足本土、借鉴国际,继承与发展我国数学课程。

3. 探寻国际中小学数学课程标准的异同

研究数学课程标准国际比较的目的,是为了通过国际比较,揭示当前世界中小学数学课程标准中存在的一些共性与差异,借鉴别国的课程改革经验,取他人之长,促进我国的课程改革与发展;认识各国数学课程之间的普遍联系与差异,揭示隐藏在课程内部的本质性规律;促进国际数学课程的比较研究,加深各国之间的理解和交流,推动我国数学教育研究的发展。

该套丛书的出版希望能够为有志于研习数学教育理论,全面提高数学教学、科研水平、拓展国际视野的中小学教师、教研员、本科生、研究生提供有力的帮助。

北京师范大学数学科学学院教授
全国数学教育研究会理事长
2016 年 6 月

前　言

英国《1862 年修正法》通常被认为是法定课程标准的最早文本之一。20 世纪初起源于泰罗《科学管理的原则》的社会效率运动，从工业界风靡到了教育界，寻求如何使学校教育更为有效的种种途径，进一步催生了课程的"标准化运动"。历经"初期""中期"和"近期"3 个时期 150 多年的演进，尤其是最近 10 多年的迅速发展，课程标准文本已逐渐成为结构和功能都相当完整的体系，并逐步从一般的课程设置与管理工具，转变成具有引领和推动课程发展与变革的强势功能的课程管理与课程领导手段[1]。国际数学和科学水平测试研究（TIMSS）项目组，于 2012 年 12 月在《Science》上发布的研究结论表明，"数学和科学教育处于领先地位的新加坡、韩国以及中国的香港、台湾地区的教育具有统一的管理模式，这种模式更有利于及时、有效地推进课程改革的实施。统一的课程标准起到核心作用。"给课程标准化建设给予了强烈的支持。自新中国成立以来，我们国家一直采用的国家课程管理模式。先后进行了教学大纲、课程标准的颁布与修订。《义务教育数学课程标准（2011 年版）》于 2011 年 12 月正式颁布，高中数学课程标准也正在修订之中。

近年来，许多国家纷纷修订、颁布了数学课程标准。20 多年前，美国没有国家课程标准，教师基本上享有充分的自由，可以教他们自己想教的学科内容。不过自"标准化改革运动"以来，出现了由学校和学区制订教学内容，由州和国家制定课程标准的深刻变革。20 世纪 90 年代，美国数学教师委员会率先设置了数学学业标准，2010 年全美州长协会与美国各州首席学校官员理事会联合推出了《共同核心州数学课程标准》[2]。

---

〔1〕柯森.课程标准起源和演进的历史考察[J].华南师范大学学报（社会科学版），2004(6)：94 - 101.

〔2〕曹一鸣，王立东，Paul Cobb.美国统一核心州课程标准高中数学部分述评[J].数学教育学报，2010(5)：8 - 11.

2012 年 7 月在韩国召开的第 12 届国际数学教育大会(ICME - 12)的专题调研指出,成功的数学课程改革与设计需要多方面的深入研究,2016 年 7 月在德国召开的第 13 届国际数学教育大会(ICME - 13)也有相关的专题讨论。种种迹象表明,课程标准的地位和作用日益凸显。无论是国际还是国内,已有不少的研究,但系统、深入地对高中数学课程标准进行国际比较研究的著作并不多。

从我国的实际出发,通过对国际上数学教育水平较高的国家(或地区)数学课程标准的系统的比较研究,既可以为我国高中数学课程标准的研究修订提供重要参考,也可以为从事数学教育研究者和一线教师拓展视野,提升我国的数学教育与研究水平提供必要的支持。近年来我们展开一系列的相关研究。在林群院士(中国科学院数学与系统科学研究所),王光明教授(天津师范大学),代钦教授(内蒙古师范大学),宁连华教授(南京师范大学),金康彪教授(延边大学师范学院),康玥媛副教授(天津师范大学),严虹教授(贵州师范大学),王立东博士(中国基础教育质量监测协同创新中心),朱文芳教授(北京师范大学),张维忠教授(浙江师范大学),张玉环博士(河南大学),董连春博士(中央民族大学)以及李娜博士、左浩德博士、赵文君博士(香港大学)等团队的大力支持下,首先对美国、英国、俄罗斯、新加坡、芬兰、法国、德国、日本、韩国、荷兰、澳大利亚、加拿大以及南非等国家最新的数学课程标准的结构、理念、课程目标、课程内容、课程实施建议等相关内容进行翻译和评介,先后由北京师范大学出版社于 2012 年 4 月和 2013 年 11 月出版了《十三国数学课程标准评介(小学初中卷)》和《十三国数学课程标准评介(高中卷)》。前期的这些基础性的准备工作,以及在此基础上发表的一系列基于数学课程标准文本分析的比较研究论文,为该研究打下重要的基础。

本书也将基于曹一鸣教授、代钦教授和王光明教授主编的《十三国数学课程标准评介(高中卷)》[1]中的高中数学课程标准文本材料展开。具体所选择的课程标准(主要按公布时间排序)如下:

1. 2013 年,荷兰高中数学考试大纲;

2. 2012 年,澳大利亚全国统一高中数学课程标准[2];

3. 2012 年,南非高中数学课程与评价标准;

---

〔1〕 曹一鸣,代钦,王光明.十三国数学课程标准评介(高中卷)[M].北京:北京师范大学出版社,2013.

〔2〕 董连春,Stephens Max.澳大利亚全国统一高中数学课程标准评述[J].数学教育学报,2013,22(4):16 - 20.

4．2009～2011 年,法国高中数学大纲;

5．2011 年,新加坡高中数学教学大纲;

6．2011 年,韩国高中数学课程标准(修订版);

7．2010 年,美国共同核心州数学课程标准;

8．2010 年,德国黑森州高中数学课程大纲;

9．2009 年,日本高中数学学习指导要领;

10．2007～2009 年,加拿大高中数学课程标准(非统一);

11．2005 年,印度高中数学教学大纲;

12．2004 年,俄罗斯第一代国家数学教育标准(高中部分);

13．2003 年,芬兰普通高中国家核心课程;

14．1999 年,英国国家课程数学课程标准(关键阶段 4)。

另外,我国选取教育部 2003 年颁布的《普通高中数学课程标准(实验)》作为比较文本。由于国家间的差异,各比较样本的名称不尽相同,为表述方便,提到上述文本时,本书统一使用"课程标准"(或简称"课标")。考虑到研究主题以及相关问题的差异,在具体问题研究过程中,各章所选取的国家和课标版本会略有不同,将在各章中分别说明。

为了更为系统、深入地对高中数学课程标准进行国际比较研究,结合我国数学课程标准所涉及的维度以及课程标准研究过程中大家比较关心的问题,本书在以下几个方面展开了进一步的研究。

1．数学课程标准总体设计层面的比较研究

从不同国家高中数学课程标准文本基本理念、课程目标两条线索进行比较研究,即本书的第一章。通过研究,得出我国高中数学具有课程目标结构比较合理、注重"数学概念、数学结论的本质"与"背景和应用",注重"提出问题的能力,数学表达的能力以及数学应用意识和创新意识"等特点,并得到如下启示:我国课程目标,应进一步注重"基础知识、基本技能"之间的联系,注重数学与其他学科之间的联系;应进一步注重"应用数学工具"的能力;应适当精简"情感、态度与价值观"的内容。

2．内容维度及其分布的宏观比较研究

从知识领域、知识单元、知识主题三个层面进行课程内容分布的比较研究,即本书第二章所涉及的内容。通过比较与分析得出:从整体上看,我国高中数学课程覆盖面较广;从知识领域内容分布上看,我国课程整体上分布比较合理;从知识单元内容分布上看,我国课程较为重视函数、解析几何、统计等内容,也重视算法初步、集合、基本逻辑用语等工具性数学知识的内容,但"微积分"尤其是其中"积分学"内容较为薄弱;从知识主题内容分布上看,我国课程重视"数学文化"的渗透及工具性知识的学习。

3. 内容维度的微观比较研究

主要是涉及课标中的具体知识内容的比较研究,即本书第三至第八章所涉及的内容。第三至第八章所涉及的课程内容有"函数"(第三章)、"方程与不等式"(第四章)、"立体几何"(第五章)、"解析几何"(第六章)、"统计与概率"(第七章)、"微积分"(第八章)等,基本上都是按知识背景、知识广度的国际比较与分析、知识深度的国际比较与分析、研究结论等进行具体、深入的分析。

第三章针对"函数"内容,选取 15 个国家的 16 个高中阶段的数学课标为研究对象。主要针对各国数学课标中函数内容的知识广度、知识深度、认知要求分布等方面的比较研究,并对课标和知识点分别进行聚类分析,同时对数学课标中函数概念的发展主线、具体函数(幂函数、指数函数、对数函数、三角函数)的内容设置进行了比较研究。最后,得到如下结论:函数内容总广度上中国课标排名第一,总深度上中国课标处于最后;各课标中函数内容在四个认知要求层次分布上存在差异;课标和知识点也存在聚类差异;各课标中函数内容的发展主线基本相同,但函数定义的引入方式存在差异;各课标对幂函数、指数函数、对数函数和三角函数的内容设置均不同。

第四章针对"方程与不等式"内容,选择了遍布五大洲的中国、新加坡、韩国、日本、澳大利亚、荷兰、法国、美国和南非等 9 个国家的高中数学课程标准,进行定性分析和定量分析。定性分析主要涉及"方程与不等式"在各国课标中的位置及其知识模块和知识点、知识分布的发展主线、拓展内容等;定量分析主要是进行了各课标中的知识广度和深度比较研究以及知识分布的二维编码比较研究。最后,得到的研究结论有:儒家文化圈对代数基础较为重视,各国重视方程及其基础模块的知识,中美涉及较难的圆锥曲线方程知识;得到的启示有:设置"方程与不等式"章节内容,设置高等数学相关的方程拓展内容。

第五章针对"立体几何"内容,选择了来自不同的洲、拥有不同的文化背景、经济发达程度也不尽相同的 13 个国家的高中数学课程标准进行比较,具体是:中国、日本、韩国、新加坡、印度(亚洲);英国、法国、德国、俄罗斯、芬兰(欧洲);美国(美洲);南非(非洲);澳大利亚(大洋洲)。主要针对各国数学课程标准中立体几何内容的广度、知识分布等方面比较研究。最后,得到以下结论:俄罗斯、中国、韩国、德国课标的总广度较大,各课标重点集中在"空间几何体"或"空间位置关系"

上，我国课标空间位置关系的处理方式偏向几何的应用性；得到的启示有：淡化大量的推理论证是趋势，我国课标应适当增加空间向量应用的知识点。

第六章针对"解析几何"内容，选取了中国、日本、韩国、新加坡、印度、法国、德国、俄罗斯、芬兰、美国、加拿大、南非等12个国家的高中数学课程标准，通过对课程标准中知识点的量化处理，得到了各国课标中平面解析几何的广度的排名，进而分析了直线与方程、圆与方程、圆锥曲线与方程和其他四个主题的知识分布和所占比重。最后，得到的结论：各国平面解析几何的重点主要集中在对直线和圆锥曲线的研究上，我国课标的广度位居第一；得到的启示有：需要准确地把握选修4中平面解析几何的定位，需要加强对解析几何知识内容的整合。

第七章针对"统计与概率"内容，选取15个国家的20个高中数学课标中的概率统计内容，进行定量分析和定性分析。包括各课标中知识点的广度、深度、核心模块知识分布，以及课标中关于概率统计内容与排列组合知识的关系，文理科学生所学内容的差异等。最后，研究得到结论有：荷兰的广度、深度和难度都名列前茅，中国课标对于概率统计的要求"广而不深"；得到的启示有：课程标准需要落到实处，课标中概率统计知识点不能草草进行增删。

第八章针对"微积分"内容，选取14个课标中的微积分内容，进行比较细致的定量分析和定性分析。定量分析包括广度、深度、难度、内容分布、聚类分析；定性分析包括分析核心概念、命题的引入和处理方式。最后，得到的结论有：中国课标在"微积分"内容上的难度和广度都较低，中国人教版理科与中国台湾地区的理科中的微积分内容设置最为类似，各课标部分概念、命题的引入方式、处理方式不同；得到的启示有：微积分内容设置方面要注意各知识点之间的衔接性、逻辑推理性，要注意一些概念、命题的处理方式。

4. 信息技术与数学课程整合的比较研究

本书第九章是对中国、日本、韩国、新加坡、英国、法国、德国、俄罗斯、芬兰、荷兰、美国、加拿大、南非和澳大利亚高中数学课标中关于信息技术使用进行编码，横向比较分析了各国课标在信息技术使用的比重、种类和知识领域，并纵向比较相应的小学、初中课标。研究发现大部分国家高中课标中信息技术使用的比重提升，种类和知识领域更加丰富，并总结了其他国家课标中信息技术使用的理念定位、要求描述、考试评价的经验。

本书旨在为高中数学职前教师、一线教师、在职培训教师和教研员、教师教育的培训者，以及关注数学课程改革的数学家、数学教育家、数学教育研究人员拓展国际的视野，提供各个国家有关高中数学课程标准方面翔实、丰富的资料。

本书由曹一鸣总体设计策划,在各位作者的通力合作、集体讨论和共同努力下,历时三年多完成。各章具体分工如下:

前　言:曹一鸣;

第一章:严虹;

第二章:曹一鸣,严虹;

第三章:宋丹丹,曹一鸣;

第四章:陆吉健,赵珩越;

第五章:贾思雨,曹一鸣;

第六章:曹一鸣,贾思雨;

第七章:王万松,曹一鸣;

第八章:张玉环,王沛;

第九章:郭衎,曹一鸣。

在全书的统稿过程中,陆吉健负责了具体联络、校对和通读等工作,严虹、郭衎协助做了大量工作。全书最后由曹一鸣负责审定。

这一研究得到了教育部人文社会科学研究基金"十二五"规划项目"高中数学课程标准的国际比较研究(13YJA880003)"的资助。该书可以看成是这一项目研究的最终成果。

虽然我们作出很多的努力,但由于研究水平有限,一定存在许多不足之处,恳请各位同仁谅解,并提出宝贵建议。

目 录

第一章 高中数学课程标准理念目标的国际比较与分析

自 20 世纪 80 年代后期以来,在基础教育改革中,课程标准或教育标准几乎不约而同地被放到了一个突出位置上。"标准"一时间成了基础教育改革,尤其是课程改革的关键词[1]。而数学学科作为基础教育的重要学科之一,在国内外课程改革中常常首当其冲。纵观世界上历次课程改革,基本上以数学课程改革作为导火索或者突破口,从这一程度上讲,甚至可以认为,数学课程改革引领了基础教育课程改革[2]。

本章分别从不同国家高中数学课标文本的基本理念、课程目标两条线索进行比较研究,试图从中探索我国高中数学课程的理念目标的基本特征,进而从国际视阈的分析中得出对于我国高中数学课程相应内容的启示。

第一节 高中数学课程理念的国际比较与分析

一、高中数学课程理念概述

本章以中国、澳大利亚、芬兰、法国、德国、日本、韩国、荷兰、俄罗斯、新加坡、南非、英国、美国等国高中数学课标文本作为研究对象。因为"课程理念"并非是课程标准文本中的必要组成要素,部分文本中并未直接出现,所以本节中主要针对中国、澳大利亚、芬兰、德国、韩国、英国、美国等国课标文本中的直接呈现的"课程理念"进行介绍和比较。

课程理念反映出对数学课程、数学课程内容、数学教学以及评价等方面应具有

---

[1] 柯森.基础教育课程标准及其实施研究[M].上海:上海教育出版社,2012.

[2] 吴立宝,曹一鸣.初中数学课程内容分布的国际比较研究[J].教育学报,2013(4):29-36.

的基本认识、观念和态度,它是制定和实施数学课程的指导思想[1]。由于各国高中数学课程标准文本详略程度差异较大,部分国家文本中并没有包含"课程理念"这一课程要素,以下仅简要介绍包含"课程理念"国家的基本情况[2]:

(一) 中国[3]

中国高中数学课标明确提出十条"课程的基本理念":1. 构建共同基础,提供发展平台;2. 提供多样课程,适应个性选择;3. 倡导积极主动、勇于探索的学习方式;4. 注重提高学生的数学思维能力;5. 发展学生的数学应用意识;6. 与时俱进地认识"双基";7. 强调本质,注意适度形式化;8. 体现数学的文化价值;9. 注重信息技术与数学课程的整合;10. 建立合理、科学的评价体系。

(二) 澳大利亚[4]

澳大利亚高中数学包含四种课程,每种课程分为四个单元。这四种课程不尽相同,以满足不同层次高中学生群体的学习需求。

四种课程"基本原理"(rationale)中,均提出了数学学科的基本性质:数学是研究秩序、关系和模式的一门科学。之后提出四种课程不同的内容选择:

"基础数学"(Essential Mathematics)聚焦于使学生有效、高效、批判地运用数学在日常生活中做出明智的决策。基础数学给学生提供的是在现实情境中(各类工作场所、个人进一步学习以及社区设施中)解决问题的数学知识、技能和理解。学科提供给学生毕业后准备就业和再培训的机会。

"普通数学"(General Mathematics)是针对那些在 10 年级水平之外拓展他们的数学技能但是在日后的学习和就业中不需要微积分知识的学生。该学科是为有广泛的教育和就业抱负的学生准备的,包括在大学或职业技术继续教育学院的深入学习。

"数学方法"(Mathematical Methods)的主题是微积分和统计学,涵盖了学习代

[1] 教育部基础教育课程教材专家工作委员会.义务教育数学课程标准(2011 年版)解读[M].北京:北京师范大学出版社,2012:62.

[2] 曹一鸣,代钦,王光明.十三国数学课程标准评介(高中卷)[M].北京:北京师范大学出版社,2013.

[3] 中华人民共和国教育部.普通高中数学课程标准(实验)[S].北京:人民教育出版社,2003.

[4] 董连春,Stephens Max.澳大利亚全国统一高中数学课程标准评述[J].数学教育学报,2013,22(4):16-20.

数、函数及其图像、概率的必要的先决条件。同时,这些内容的精细度和复杂程度日趋系统化。其中,微积分对于促进学生对物理世界的理解有重要作用,因为许多科学定理都包含变化率及其关系。而统计学用来描述和分析有关的不确定现象。因此,"数学方法"为数学和统计相关学科的深入学习奠定了基础,也有利于针对健康科学和社会科学的深入学习。总之,数学方法科目针对未来可能涉及数学和统计学以及它们在第三级学科范围内应用的学生而设置。

"专业数学"(Specialist Mathematics)是基于数学和统计等现实世界广泛应用的模型,提供丰富的解决问题的机会。同样,科目还有合理的逻辑基础,掌握这门课程的学生将会发展高水平的逻辑推理能力。专业数学与数学方法之间有联系。学科不但包括函数、微积分、概率和统计等建立并深化于数学方法中的专题,而且展示了其在许多领域的应用。此外,也涉及向量、复数和矩阵等内容。专业数学是针对那些对数学有浓厚兴趣,希望在大学中学习数学、统计学、所有自然科学以及相关领域、经济学或工程学的学生而设置的。

(三) 芬兰[1]

芬兰高中数学课标文本中虽然没有明确提出"数学课程理念",但是指出了高中教育的基本理念。高中教育的基本理念是建立在北欧和欧洲文化遗产一部分的芬兰文化史上的。通过高中教育,学生应该学会珍惜、评估和更新他们的文化遗产。学生将在宽容与国际合作基础上接受教育。

高中教学是基于对生命与人权的尊重。普通高中的教育理念包括追求真理、仁爱与正义。普通高中教育必须促进开放民主、平等和幸福。学生被认为是自己学习、能力和世界观的构建者。

教育工作将加强合作,鼓励互动和诚实。其目的是让学生了解自己的权利和责任,并且成长为能为自己的选择和行为承担责任的成人。在高中阶段,必须提供给学生如何通过共同决定和努力来积累未来所需的经验。

(四) 德国

德国《中学阶段数学教育标准》[2]中虽然没有明确提出"基本理念",但是其中

---

[1]　康玥媛,Fritjof.芬兰高中课程改革及高中数学课程标准评介[J].数学教育学报,2013,22(4):11-15.

[2]　不同于德国黑森州数学课程大纲.

"数学的作用""数学的一般能力""标准中的基本数学思想"等内容涉及了"基本理念"的一些内容:

"数学的作用"中指出数学教育为学生提供了与成长密切相关的经验,包括利用数学去感知理解技术、自然、社会和文化现象;认识和了解用数学语言、符号、图形和公式说明问题的内外属性的重要性;解决一般的计算问题和培养数学问题解决能力。

"数学的一般能力"中提出六大宏观的数学能力,分别是:数学论证;数学地解决问题;数学建模;数学表征的应用;数学符号、公式以及技巧的熟练掌握;数学交流。

"标准中的基础数学思想"提及"数学核心思想",为蕴含数学能力的载体进行了命名。它们被分配到每个被选定的数学情境,帮助学生对基本的数学概念的理解,反过来体会各种数学思想方法的特点和在现实生活中的应用。

(五)韩国[1]

韩国数学课标文本中虽然没有明确提出课程的基本理念,但是提出了"韩国的教育理念"。其理念是在"弘益人间"[2]的理念下,使所有国民陶冶人格,具备自主生活的能力和民主公民必备的资质,经营具有美好人性的人生,为实现民主国家的发展和人类共赢的理想做出贡献。

(六)英国

英国数学课标(2014)草案中虽然没有明确提及课程的基本理念,但是在篇首提出了"学习目的"。数学是一个有创造力的学科,它发展了上千年,为一部分历史上最有趣的问题提供解决方法。它对于我们的日常生活是必需的,是科学、技术和工程的关键,而且在各种职业中也是不可缺少的。高水平的数学教育为我们认识世界提供了一个基础,培养解释数学的能力和欣赏数学、对数学好奇的感觉。

(七)美国

美国共同核心州数学课标文本中虽然没有明确提及课程的基本理念,但是在

---

[1] 金康彪,贾宇翔.韩国高中数学课程标准评介[J].数学教育学报,2013,22(5):42-46.

[2] "弘益人间"既是韩国的建国理念,也是韩国的教育理念.其意思可解读为"有益于广泛的人类",或者"造福于人类".

"简介"部分提出美国数学课程编制的基本特征:更集中和更具连贯性。从对高绩效国家数学教育的十年研究中得出一个结论:为了提高学生的数学成绩,美国的数学课程必须在总体上变得更集中和更具连贯性。另外提出了"理解数学":界定了学生在数学学习中应该理解和能够做什么。

二、高中数学课程理念分析

纵观一些主要国家的高中数学课程理念,可以发现:

1. "课程的基本理念"并没有作为必要文本要素出现在各国高中数学课程标准中。其中,只有中国(课程的基本理念)、澳大利亚(基本原理)两国课程标准中出现了"理念"字样。芬兰、德国、韩国、英国、美国等国家虽然没有明确提出"基本理念",但是在课程标准文本中却出现了与"理念"相关的内容,比如:芬兰提出了"高中教育的基本理念"、德国文本中涉及"数学的作用""数学的一般能力""标准中的基本数学思想"等课程设置过程中较为宏观的一些基本思路、韩国提出了"韩国的教育理念"、英国篇首涉及对于"数学"学科重要性的说明、美国明确提出课程设计的特征(理念),即"集中性""连贯性"。法国、日本、荷兰、俄罗斯、新加坡、南非等国家课程标准文本倾向于"教学大纲"的基本结构,主要包括"课程目标""内容标准"等基本要素,鲜少出现与"理念"关联较大的内容。

2. 我国高中数学课程中"基本理念"共有十条,涉及共同基础、个性选择、学习方式、数学思维能力、数学应用意识、"双基"、本质、文化价值、信息技术、评价体系等多个方面,是提及"理念"较为全面的国家。澳大利亚高中数学课程中"基本原理"则分散在四门不同课程当中,侧重点各不相同,主要包括三部分内容:数学的重要作用、不同课程中数学课程内容选择、与 F - 10 年级课程内容以及认知要求的衔接情况。

相比而言,我国"基本理念"涉及面非常全面;然而,并没有明确针对"文科数学""理科数学"提出不同的要求,同时,也没有涉及与义务教育阶段数学课程的衔接性说明。

第二节　高中数学课程目标的国际比较与分析

课程目标是构成课程内涵的第一要素。课程内容的设计和课程的实施,基本上是以人们对课程目标的学习、认识以及变通把握为重要前提的;课程评价的实行也是以课程目标的实现程度和水平为重要依据和准绳的[1]。本节通过不同国家高中数学课程标准文本中课程目标的比较研究[2],进一步分析我国与其他国家课程目标之间的相同点与不同点,从而得出一定的结论和启示。

一、高中数学课程目标概述

(一) 中国 [3][4]

我国课程目标包括总目标和具体目标。数学课程总目标明确了数学教育进展的方向。对教师的教和学生的学明确提出了六条具体目标,基本上可以分为三个层次:知识与技能;过程与方法;情感、态度和价值观[5]。

高中数学课程的总目标是:使学生在九年义务教育数学课程的基础上,进一步提高作为未来公民所必要的数学素养,以满足个人发展与社会进步的需要。具体目标如下:

1. 获得必要的数学基础知识和基本技能,理解基本的数学概念、数学结论的本质,了解概念、结论等产生的背景、应用,体会其中所蕴含的数学思想和方法,以及它们在后续学习中的作用。通过不同形式的自主学习、探究活动,体验数学发现和创造的历程。

2. 提高空间想象、抽象概括、推理论证、运算求解、数据处理等基本能力。

3. 提高数学地提出、分析和解决问题(包括简单的实际问题)的能力,数学表达和交流的能力,发展独立获取数学知识的能力。

4. 发展数学应用意识和创新意识,力求对现实世界中蕴含的一些数学模式进行思考和作出判断。

5. 提高学习数学的兴趣,树立学好数学的信心,形成锲而不舍的钻研精神和

---

[1] 刘启迪.课程目标:构成、研制与实现[J].课程·教材·教法,2004(8):24-29.

[2] 曹一鸣,代钦,王光明.十三国数学课程标准评介(高中卷)[M].北京:北京师范大学出版社,2013.

[3] 中华人民共和国教育部.普通高中数学课程标准(实验)[S].北京:人民教育出版社,2003.

[4] 数学课程标准研制组.普通高中数学课程标准(实验)[M].南京:江苏教育出版社,2004.

[5] 《走进新课程》丛书编委会数学课程标准研制组组织编写.普通高中数学课程标准(实验)解读[M].南京:江苏教育出版社,2004.

科学态度。

6. 具有一定的数学视野,逐步认识数学的科学价值、应用价值和文化价值,形成批判性的思维习惯,崇尚数学的理性精神,体会数学的美学意义,从而进一步树立辩证唯物主义和历史唯物主义世界观。

(二) 澳大利亚

以"普通数学课程"为例,澳大利亚课程目标为:

- 促进学生理解数与代数、几何与三角函数、图与网络以及统计学等不同学习领域中所涉及的概念和方法;
- 培养学生运用数与代数、几何与三角函数、图与网络以及统计学等不同学习领域中所涉及的概念和方法解决应用题的能力;
- 培养学生在数学和统计学情境中的推理与解释能力;
- 培养学生的交流能力,使学生在运用数学或者统计学知识进行问题解决活动之后,能够使用恰当的数学或者统计学语言,以简洁而系统的方式与其他同学进行交流;
- 培养学生适当且有效地选择和使用技术的能力。

(三) 芬兰

"数学课程标准-高阶"旨在让学生:

- 培养坚持不懈的习惯,相信自己的数学能力、技巧和思维;
- 有勇气利用实验研究法和探索性方法,找到解法,做出评判性评估;
- 理解并运用数学语言,有能力遵循数学演示,阅读数学文本,探讨数学,领会精确表达和论证清晰;
- 学会感知数学知识的逻辑体系;
- 培养处理表达式、得出结论和解决问题的能力;
- 练习以数学方式处理信息,习惯于做出假设,验证有效性,证明推理,评估论点的有效性和结果的普适性;
- 为实际问题情境制作模型,利用各种解题策略;
- 知道如何运用合适的数学方法、技术援助和信息来源。

"数学课程标准-基础"的目的是让学生有能力获取、处理和了解数学信息,将数学应用到生活和进一步研究中。旨在让学生:

- 将数学应用于日常生活和社会活动;

- 学习数学时,可获得积极的学习经验,学会相信自己的能力、技巧和思维;

- 有勇气从事实验性学习、探索性学习和创造性学习;

- 获得数学技巧、知识和能力,为进一步研究打下坚实基础;

- 将数学作为一种描述、解释和模拟现象的工具,并得出结论;

- 形成数学知识的本质及其逻辑结构的概述;

- 在实践中,用数学形式获取和分析媒体信息,评估其可靠性;

- 了解数学对文化发展的意义;

- 学会利用图形、公式和模型支持思维方式。

(四) 法国

法国高中一年级共用一个数学大纲,从高中二年级开始文学和经济社会专业共用一个数学大纲(文科数学大纲),自然科学专业共用一个数学大纲(理科数学大纲)。高中二年级、三年级的文科都不再学习几何内容。

高中一年级数学大纲"一般目标"是训练学生掌握各种各样的科学方法,让他们能够建立模型进行研究活动;能进行论证、证明;进行计算或实验;对结果进行批判性分析;训练阅读信息的能力(批判性的数据处理);集中于表达方式的变换(图像、数值、代数和几何);为解决问题,选择合适的软件工具(计算机或计算器);口头上和书面上的交流。问题的设置要尽可能基于现实生活或其他学科,且必须以简单、简洁的形式呈现出来,让学生能够自己解决,并发挥其创造力。高中一年级问题的答案一般比较简短。

高中二年级理科数学大纲的目的是让学生了解数学文化。不仅满足日常生活需要,而且为进一步学习奠定基础。高中二年级,要培养学生坚实的数学基础,为日后科学研究做准备。让他们掌握科学的实践方法,提高做研究的能力。学习数学可以培养有益于一生的学习技巧和能力,有助于更好地了解社会的变化。进行足够的练习后能有正确的科学理解。学校课程的主要目的是为学生升入大学做准备,另一目的是提高学生解决问题的能力。

高中二年级文科数学大纲指明对文科与社会经济方向的学生来说,学习数学的目的是了解数学文化。该大纲的目标是为了达到一定的能力。大纲的设计是要让学生掌握概念以及它们的连贯性,一方面强调推理,另一方面要强调算法,在整个大纲中应当体现出来,并不限制要怎么训练。要求应当适度,并且必须与他们本专业的精神一致。

（五）德国

德国中学阶段数学教育标准中提出"中学数学的教学目标"：通过学生在数学课堂上的积极学习，让学生掌握所学内容。此外，学生还可以用数学方法解决问题，完成任务和项目，撰写数学文章，进行数学交流等。此课程的目的是培养学生自主学习、交流合作、收集信息、展示学习成果的能力。中学教育的任务不仅在于培养学生的专业素质，还要通过数学和其他课程引导学生的个性发展和价值取向。

（六）日本

日本大约每 10 年对中小学学习指导要领进行一次修订，继 1999 年修订后，日本文部科学省于 2009 年 3 月，颁布了新的高中数学学习指导要领，并于 2012 年 4 月 1 日开始逐年实施。其中提出了高中数学课程的总目标：

通过数学活动，加深对数学基本概念、原理以及法则的系统化理解，提高用数学的方式考察和表示事物现象的能力，在培养创造性的同时，认识到数学的作用和价值，并逐步形成根据数学论据进行正确判断的态度。

（七）韩国

韩国实施 12 年一贯制的数学课标，其中高中部分将高中数学内容分为"3 类科目、9 个模块"。每个选修科目相对独立，每个科目的标准包括：高中数学课程的目标、高中数学课程的目标内容领域与标准、教学方法、评价四部分。虽然 9 个模块中均有"课程目标"，但是主体内容基本一致。包括总目标和具体目标两部分。

总目标：理解数学概念、原理、法则，培养数学思考与交流的能力，用数学的眼光考察各种现象和问题，并进行合理地、创造性地解决，以期形成作为数学学习者所应具有的正确人格与态度。

具体目标如下：

1. 培养涉及各个内容领域的计算能力，理解概念、原理、法则以及它们之间关系的能力。

2. 培养数学思考与交流的能力。

3. 培养合理地、创造性地解决蕴含在自然与社会中的数学现象的存在问题的能力。

4. 对数学产生兴趣，能理解数学的价值，以期形成数学学习者所应具有的正确人性与态度。

（八）荷兰

荷兰有两类具选拔性的、引导学生进入高等教育的中等教育：大学预科教育（VWO）和普通高级教育（HAVO）。VWO 的课程对学生的学习能力提出了更为严格的要求。VMBO 是职业教育（MBO）的预科课程。

在课程系统的全国统考数学考试大纲中，课程总体目标均是围绕具体课程内容展开的，此处不详细说明，以 VWO－A 中"全国统考总体目标"为例说明。

A. 技能

A1. 数据处理能力

考生能收集、筛选、处理、分析数据，汇报分析结果，会使用信息技术进行上述操作。

（九）俄罗斯

俄罗斯第一代国家数学教育标准提出"高中数学教学目的"。

在普通教育高中阶段（基础水平）学习数学要达到下列目的：

- 形成数学科学是一种通用语言，是现象与过程模型化工具的概念，同时培养数学思想方法；
- 发展逻辑思维能力、空间想象能力，培养算法以及所必要的批判性思维，以便提高在未来的职业活动和进一步的学习中的专业水平；
- 掌握日常生活以及继续学习自然科学课程所必需的数学知识与技能，以便获得后续教育的基础；
- 通过了解数学发展的历史、数学思想的演变，理解数学对于科学技术进步的意义，理解数学作为人类文化的一部分与整体之间的关系，并以数学为载体进一步提高文化素养。

在普通教育高中阶段（侧重数学发展方向的水平）学习数学要达到下列目的：

- 形成数学科学是一种通用语言，是现象与过程现代化工具的概念，同时培养数学思想方法；
- 掌握口头的和书面形式的数学语言，掌握用于学习学校的自然科学课程、进一步地学习数学和在现代水平上掌握所选专业所必需的数学知识与技能；
- 发展逻辑思维能力、空间想象能力，培养算法、数学思维和直觉，以及从事数学活动所必需的创造性能力，以便提高后续教育和未来的职业活动以及独立地在数学领域中学习的专业水平；
- 通过了解数学发展的历史、数学思想的演变，使学生理解数学对于科学技术进步的意义，以数学为载体提高文化素养。

（十）新加坡

新加坡高级水平测试(A-水平测试)中的数学这一科目分为三层次(H1,H2, H3),就学科要求而言,H2旨在发展学生的数学思考能力和问题解决能力,为学生进入大学后学习数学、物理和工程等对数学有更高要求的专业做了充分准备。在H2水平中,共提出了八条总体目标。

1. 习得日常生活以及在数学或者相关学科中继续学习所必需的数学概念和能力。
2. 培养获得和应用数学概念和技能所必需的过程性技能。
3. 发展数学思维和问题解决能力,并将这些技能运用在问题解决中。
4. 认识并运用数学思想间的联系,以及数学和其他学科间的联系。
5. 培养学生对数学积极的态度。
6. 在数学学习和应用中有效使用各种数学工具(包括信息和交流技术手段)。
7. 进行富有想象力和创造力的活动,在此过程中提炼数学思想。
8. 培养学生逻辑推理、数学交流、合作学习及独立学习的能力。

（十一）南非

南非数学课标中介绍了"学习数学的目的",包括:不借助计算器解决某些问题的技能;建立数学模型的技能;探究能力;估算能力;了解某些数学史;问题的情境设置要广泛;教师尽量减少"怎么做"的问题,增加"什么时候"以及"为什么"类型的问题;教师教学中具备综合能力;教学过程中要注重对学生进行"问题解决"和"认知能力"的培养。

（十二）英国

英国数学课标(2014)草案"课程目标"中指出数学课程标准旨在保证所有的学生:

1. 熟悉数学的基础知识,包括通过多变的和难度不断加大的练习来解决各种复杂的问题,目的是使学生对知识有概念性的理解并能回忆起所学的知识,从而应用所学知识快速而准确地解决问题。

2. 培养学生的数学推理能力,通过一系列的询问、猜想等归纳问题之间的联系,进而用数学语言来证明或反驳这个结论。

3. 培养学生问题解决的能力,能应用他们的数学知识去解决那些难度不断增加的常规的和非常规的问题,包括把复杂的问题转化为几个简单的小问题,从而找到问题的答案。

（十三）美国

美国共同核心州数学课标在"数学实践标准"中明确规定了数学教育者应该致力于学生发展的各种能力的目标：理解问题与在问题解决中的坚持；抽象的和量化的推理；建构直观的论据和批判他人的推理；数学建模；策略以及工具的恰当使用；力求精确；寻找和利用结构；在反复的推理中寻找和表示规律。

二、高中数学课程目标分析

（一）高中数学课程目标共性分析

通过对不同国家高中数学课程目标概述，可以看出：不同国家课程受到国家文化传统、教育背景的影响，对于课程目标的具体内容、陈述方式以及详略程度差异较大，然而，大多数国家的高中数学课程目标在整体结构上较为相似。具体分析如下：

1. 注重数学基础知识和基本技能的学习

我国课程目标中既有过去所强调的"双基"的要求，又有新的发展。第一要获得必要的数学基础知识和基本技能，理解基本的数学概念、数学结论的本质；第二要了解概念、结论产生的背景、应用，要求通过不同形式的自主学习、探究活动，体验数学发现和创造的历程；第三要体会其中所蕴含的数学思想方法，以及它们在后续学习中的作用。

澳大利亚课程目标指出"促进学生理解数与代数、几何与三角函数、图与网络以及统计学等不同学习领域中所涉及的概念和方法"；芬兰"数学课程标准-基础"指出"获得数学技巧、知识和能力，为进一步研究打下坚实基础"；法国高中二年级理科数学大纲指出"要培养学生坚实的数学基础"；德国数学教育标准指出"通过学生在数学课堂上的积极学习，让学生掌握所学内容"；日本课程目标强调"对数学基本概念、原理以及法则的系统化理解"；韩国课程目标强调"培养涉及各个内容领域的计算能力，理解概念、原理、法则以及它们之间关系的能力"；俄罗斯国家数学教育标准指出"掌握日常生活以及继续学习自然科学课程所必需的数学知识与技能，以便获得后续教育的基础"；新加坡课程目标强调"必需的数学概念""必需的过程性技能"，同时强调"进行富有想象力和创造力的活动"，在此基础上，"认识并运用数学思想间的联系""提炼数学思想"；英国数学课程目标指出"熟悉数学的基础知识"。

由此可见，虽然不同国家课标文本中对于"知识和技能"描述的外延和掌握的要求不尽相同，但是"数学基础知识和基本技能"却是各个国家课程目标中的核心内容。

2．注重学生数学能力的培养

我国课程目标第二个层次是过程与方法，具体体现就是在这个过程中把握方法、形成能力，在这个过程中发展意识。注重"空间想象、抽象概括、推理论证、运算求解、数据处理"等基本能力，这是对数学能力的基本要求；同时提出对数学能力的进一步要求，如"提高数学地提出、分析和解决问题的能力""数学表达和交流的能力""独立获取数学知识的能力"；对应用意识和创新意识进一步具体化和明确化。

澳大利亚"普通数学课程"中提出培养学生"在情境中的推理与解释能力""交流能力""选择和使用技术的能力"；芬兰高中数学课程目标中提出培养学生"解决问题的能力"；法国课程目标指出高中一年级训练学生"阅读信息的能力（批判性的数据处理）"，高中二年级"提高学生解决问题的能力"；德国课程目标是培养学生自主学习、交流合作、收集信息、展示学习成果的能力；日本课程目标注重"用数学的方式考察和表示事物现象的能力，培养创造性"；韩国课程目标注重"数学思考与交流的能力""合理地、创造性地解决蕴含在自然与社会中的数学现象的存在问题的能力"；俄罗斯国家数学教育标准普通教育高中阶段（基础水平）指出"发展逻辑思维能力、空间想象能力"；新加坡课程目标重视"问题解决能力""运用数学工具"的能力以及"逻辑推理、数学交流、合作学习及独立学习的能力"；南非高中数学课程目标中指出"探究能力""估算能力"；英国高中数学课程目标指出培养学生"数学推理能力""问题解决能力"。

由此可见，虽然不同国家课标文本中对于"数学能力"的界定不尽相同，对于"数学能力"要求的具体种类也不尽相同，但是"数学能力"是各个国家课程目标中的重要内容，尤其"解决问题的能力"备受青睐。

3．注重情感、态度与价值观的要求

我国课程目标第三个层次就是情感、态度与价值观，一种对于人类全面和谐发展和社会发展的更高层次的要求。数学课程应当很好地承担起培育学生积极的情感和态度，以及正确价值观的任务。例如"提高学习数学的兴趣""形成锲而不舍的钻研精神和科学态度""具有一定的数学视野""形成批判性的思维习惯、崇尚科学的理性精神"等等。

芬兰高中数学课程目标中提出"培养坚持不懈的习惯，相信自己的数学能力、技巧和思维""有勇气利用实验研究法和探索性方法，找到解法，做出评判性评估"；德国课程目标指出"中学教育的任务不仅在于培养学生的专业素质，还要通过数学和其他课程引导学生的个性发展和价值取向"；日本课程目标同样着重"根据数学论据进行正确判断的态度"；韩国课程目标着重"形成数学学习者所应具有的正确人格与态度"；新加坡课程目标着重"培养学生对数学积极的态度"。

由此可见，部分国家课程标准注重"情感、态度与价值观"的相关要求，这也是课程目标的组成内容之一。

（二）高中数学课程目标差异分析

虽然多数国家在高中数学课程目标宏观层面比较类似，但是其具体内容，主要存在着如下差异：

1. "数学基础知识和基本技能"的内涵不同

我国、新加坡课程目标关于"数学基础知识和基本技能"的内涵较为丰富，均提出了必要的数学知识和技能、体验数学"创造"的历程（或活动）、数学思想方法的要求。不过，我国更为强调"基础知识和基本技能"和数学的"本质"，强调知识的"背景、应用"；而新加坡更为注重"联系"，即"数学思想间的联系""数学与其他学科间的联系"。俄罗斯也提出了"培养数学思想方法"。

澳大利亚、芬兰、法国、德国、日本、韩国、英国等国课程目标中则基本只有"基础知识"方面的要求，表述较为简略。

2. "数学能力"的外延不同

表1-1　不同国家高中数学课程目标中主要数学能力成分

课　标	主要数学能力成分
中　国	空间想象、抽象概括、推理论证、运算求解、数据处理 数学地提出、分析和解决问题的能力；数学表达和交流的能力；独立获取数学知识的能力 数学应用意识和创新意识
澳大利亚	在情境中的推理与解释能力；交流能力；选择和使用技术的能力
芬　兰	解决问题的能力
法　国	阅读信息的能力（批判性的数据处理）；解决问题的能力
德　国	自主学习、交流合作、收集信息、展示学习成果的能力
日　本	用数学的方式考察和表示事物现象的能力；培养创造性
韩　国	计算能力；数学思考和交流的能力；合理地、创造性地解决问题的能力
俄罗斯	逻辑思维能力；空间想象能力
新加坡	所必需的数学能力；数学思维和问题解决能力；有效使用各种数学工具（包括信息和交流技术手段）；逻辑推理、数学交流、合作学习及独立学习的能力
南　非	探究能力；估算能力
英　国	数学推理能力；问题解决能力

可以看出,我国关于"数学能力"的外延较为广阔。在提出五条基本能力的基础上,上升到"提出、分析和解决问题的能力""数学表达和交流的能力"以及"独立获取数学知识的能力",进而提高到"发展学生的数学应用意识和创新意识"。

澳大利亚、韩国、新加坡、南非、英国课程目标中均提及基本能力和进一步的能力。其中,对于具体基本能力而言,澳大利亚仅提及基本能力中的"推理能力";韩国仅提及"计算能力";新加坡并未提及具体基本能力,只是要求习得"所必需的数学能力";南非提及"估算能力";英国提出"数学推理能力"。对于进一步的能力要求而言,澳大利亚提及"解释能力""交流能力""选择和使用技术的能力";韩国提及数学"交流"的能力以及"解决问题的能力";新加坡同样提及"问题解决能力""数学交流的能力""独立学习的能力",值得一提的是,还提出了"合作学习""有效使用各种数学工具"的能力;南非提及"探究能力";英国提及"问题解决能力"。

3. "情感、态度与价值观"的倾向性不同

我国关于"情感、态度与价值观"的内容较为丰富。这是促进学生全面和谐发展的需要,也是素质教育的目的。对学习产生兴趣,树立学好数学的信心;锲而不舍的钻研精神和科学态度;对数学价值的认识,对数学美的感受都是学生和未来公民应该具备的重要素质。而批判性的思维习惯、科学的理性精神是公民进行科学教育要达到的目标之一。数学中充满着辩证法的思想,我国一直都把培养辩证唯物主义和历史唯物主义的世界观作为课程目标之一。

韩国、日本课程目标中均提及数学学习者的"态度"以及数学的"价值",但并未提到"数学视野"的高度,也未如我国细分为"科学价值、应用价值和文化价值"。此外,韩国还提及"对数学产生兴趣"的情感要求。新加坡课程目标相对简略,仅就"对数学积极的态度"方面提出要求。芬兰课程目标中提及"培养坚持不懈的习惯""有勇气找到解法";德国课程目标中提及"引导学生的个性发展和价值取向"等等。

三、我国高中数学课程目标的特点及启示[1]

(一) 我国高中数学课程目标的特点

通过比较研究,可以得出我国高中数学课程目标具有如下特点:

第一,课程目标结构比较合理。包含总目标和具体目标,总目标带有全局性、

---

[1] 严虹.中、韩、新、日四国高中数学课程目标的比较研究[J].外国中小学教育,2015,265(1):60-64.

方向性、指导性。六个具体目标是有层次的,更细化、明确了对教学的要求和学习的要求,可操作性较强,相互联系、相互融合,是一个统一的整体,目的在于实现课程的总目标。

第二,注重"数学概念、数学结论的本质""背景和应用"。强调了"双基"的形成过程,从而更好地理解数学概念和结论的本质,提高个体的数学素养。体现了我国"双基"传统的发展性。

第三,注重"提出问题的能力""数学表达的能力"以及"数学应用意识和创新意识"。我国是唯一明确指出"提出问题的能力"的国家,解决教师提出的问题固然重要,但是能够发现新的问题,提出新的问题却更加重要,因为这是对创新型人才的基本要求。同时,"数学表达"不但是数学学习本身的需要,而且还是数学交流能力的有机组成部分。值得一提的是,我国也是唯一明确提出在课程内容中孕育"应用意识和创新意识"的国家。

第四,注重开阔"数学视野",将数学价值的认识具体化,强调"思维习惯""理性精神"以及"美学意义"。我国目标对于"情感、态度与价值观"方面的内容是比较丰富的,是唯一将数学价值具体化的国家,提出"科学价值、应用价值和文化价值",可以引导学生进一步认识和了解数学,便于课程内容选择和组织的进行;同时,学生对数学美的感受,是提高其自身素质的重要方面。

(二) 我国高中数学课程目标的启示

通过以上对我国课程目标特点的概括,可以发现我国课程目标体系层次结构清晰,先总体,后具体。然而,它山之石,可以攻玉,通过不同国家高中数学课程目标的比较研究,可以让我们进一步审视自身的不足。

第一,我国课程目标应进一步注重"基础知识、基本技能"之间的联系,注重数学与其他学科之间的联系。新加坡、韩国、日本三国课程目标均注重"联系"。例如数学与其他学科之间的联系、数学基础知识之间的关系,而日本更是达到了"系统化理解"的高度。

第二,我国课程目标应进一步注重"应用数学工具"的能力。现代信息技术的广泛应用正在对数学课程内容、数学教学、数学学习等方面产生深刻的影响。我国课程基本理念提及"注重信息技术与数学课程的整合",然而,课程理念是数学课程设计的基本指导思想,课程目标是对教师教学、学生学习所提出的明确要求,因此,要在课程内容中体现课程理念,有必要在课程目标中进一步提出相关要求。比如,澳大利亚课程目标中明确指出"培养学生适当且有效地选择和使用技术的能力",

芬兰提及"知道如何运用合适的数学方法、技术援助和信息来源",新加坡课程也提出"有效使用各种数学工具(包括信息和交流技术手段)"。

第三,我国课程目标应适当精简"情感、态度与价值观"的内容。比较不同国家课程目标中的相应内容,我国内容最为详细具体,要求层次较高。韩国、日本均只提及"数学的价值",新加坡仅仅提及"态度"方面的要求;芬兰、德国提法更为简略。而我国目标提及"具有一定的数学视野,逐步认识数学的科学价值、应用价值和文化价值",当学生逐步认识到数学的价值,在这个学习过程中自然也会逐步"形成批判性的思维习惯""崇尚数学的理性精神"以及"体会数学的美学意义",因此,这一部分内容可以考虑适当精简。

第二章 / 高中数学课程标准内容分布的国际比较与分析

　　"内容标准"历来是各国课标文本中的核心内容和关键内容,通过数学课程内容标准的解读和分析,可以深入了解不同国家在高中阶段数学课程内容设置的基本情况。

　　本章基于包括我国在内的 14 个国家高中数学课标文本,从知识领域、知识单元、知识主题三个层面进行课程内容分布的比较研究,主要通过我国与其他国家内容分布基本情况以及平均水平之间的分析,得出一定的结论和启示[1]。

第一节　高中数学课程内容分布的研究设计

一、研究样本的选取

　　本章选取中国、日本、韩国、新加坡、芬兰、法国、德国、荷兰、俄罗斯、英国、加拿大、美国、澳大利亚、南非等 14 个国家的高中数学课程标准文本作为研究对象。根据本章需要,加拿大选取了 2009 年魁北克省课程标准(科学选项)作为研究对象,其他国家课标如前言所述。

　　从地理位置上看,14 个国家遍及五大洲,包含发达国家与发展中国家,经济状况、文化背景、教育水平不尽相同,可以较好地反映当今国际上主流国家高中数学课程内容分布的特点。

　　从国际教育比较项目上看,包含了在国际学生评估项目(Program for

---

〔1〕 曹一鸣,严虹.高中数学课程内容及其分布的国际比较——基于 12 个国家高中数学课程标准的研究[J].数学通报,2015,54(7):9-14.

International Student Assessment,简称 PISA)"数学素养"中连续三次(2012 年,2009 年,2006 年)[1]均显著高于经合组织(OECD)[2]平均水平的国家,选择了中国[3]、日本、韩国、新加坡、芬兰、荷兰、加拿大、澳大利亚、德国[4];连续三次均与 OECD 平均水平差异不显著的国家,选择了法国、英国;连续三次均显著低于 OECD 平均水平的国家,选择了俄罗斯、美国;另外,还选择了没有参加过 PISA 测试的非洲代表国家——南非。对这些国家高中数学课标研究的同时也能一窥国际数学教育发展的不同水平和方向。

二、研究思路与方法

本章以 14 个国家颁布的高中数学课标作为研究对象,主要针对其中的"内容标准"部分进行比较研究。基于内容课标中每个整句(即内容条目)为基本单位[5],依次划分为知识领域、知识单元、知识主题(如表 2-1 所示),做出如下界定,"知识领域"是基于高中数学课程研究内容进行的一级划分;"知识单元"是在知

表 2-1　三个层次知识划分的基本情况

知 识 领 域	知识单元(个数)	知识主题(个数)
数与代数	7	34
图形与几何	4	23
统计与概率	3	21
微 积 分	3	15
其 他	15	15
合 计	32	108

说明:"其他"领域的 15 个知识单元,由于各国之间情况差异较大,不再进行知识主题的进一步划分,故而知识主题个数仍记为 15。

---

[1] Organization for Economic Co-operation and Development. *Programme for International Student Assessment*[DB/OL]. 2012[2014-04-01]. http://www.oecd.org/pisa/.

[2] 全称为经济合作与发展组织(Organization for Economic Co-operation and Development).

[3] 参加了 2012 年、2009 年测试.

[4] 在 2006 年测试中与 OECD 平均差异不显著.

[5] 吴立宝,曹一鸣.初中数学课程内容分布的国际比较研究[J].教育学报,2013 (4):29-36.

识领域的基础上,结合各国实际情况进行的二级划分;"知识主题"是在知识单元的基础上,主要以包含若干内容条目的最小内容主题为依据进行的三级划分。在三个层次中针对内容条目数量进行统计,进而分析不同国家高中数学课程内容分布的异同。

主要以定量研究的方法对 14 个国家高中数学课标进行文本分析,基于"内容标准"内容条目逐条进行编码,分别从知识领域、知识单元、知识主题三个不同层次逐层统计出各国相应的内容条目数量以及比重,通过统计数据进行课程内容分布的比较研究,从而进一步分析在国际视野下我国课程内容分布的基本情况。

第二节　高中数学课程内容分布的比较与分析

一、各国高中数学课程内容概述[1]

(一) 中国[2-3]

高中数学课程分必修和选修。必修课程由 5 个模块组成;选修课程有 4 个系列,其中系列 1、系列 2 由若干个模块组成,系列 3、系列 4 由若干个专题组成;每个模块 2 学分(36 学时),每个专题 1 学分(18 学时),每 2 个专题可组成 1 个模块。

必修课程是每个学生都必须学习的数学内容,包括 5 个模块。

数学 1:集合、函数概念与基本初等函数Ⅰ(指数函数、对数函数、幂函数)。

数学 2:立体几何初步、平面解析几何初步。

数学 3:算法初步、统计、概率。

数学 4:基本初等函数Ⅱ(三角函数)、平面上的向量、三角恒等变换。

数学 5:解三角形、数列、不等式。

对于选修课程,学生可以根据自己的兴趣和对未来发展的愿望进行选择。选

---

〔1〕 曹一鸣,代钦,王光明.十三国数学课程标准评介(高中卷)[M].北京:北京
　　 师范大学出版社,2013.

〔2〕 中华人民共和国教育部.普通高中数学课程标准(实验)[S].北京:人民教育
　　 出版社,2003:5-8.

〔3〕 数学课程标准研制组.普通高中数学课程标准(实验)解读[M].南京:江苏
　　 教育出版社,2004.

修课程由系列 1、系列 2、系列 3、系列 4 等组成，如表 2-2 所示。

表 2-2　选修系列课程具体内容

选修系列	具　体　内　容
系列 1	选修 1-1：常用逻辑用语、圆锥曲线与方程、导数及其应用； 选修 1-2：统计案例、推理与证明、数系的扩充与复数的引入、框图
系列 2	选修 2-1：常用逻辑用语、圆锥曲线与方程、空间中的向量与立体几何； 选修 2-2：导数及其应用、推理与证明、数系的扩充与复数的引入； 选修 2-3：计数原理、统计案例、概率
系列 3	选修 3-1：数学史选讲； 选修 3-2：信息安全与密码； 选修 3-3：球面上的几何； 选修 3-4：对称与群； 选修 3-5：欧拉公式与闭曲面分类； 选修 3-6：三等分角与数域扩充
系列 4	选修 4-1：几何证明选讲； 选修 4-2：矩阵与变换； 选修 4-3：数列与差分； 选修 4-4：坐标系与参数方程； 选修 4-5：不等式选讲； 选修 4-6：初等数列初步； 选修 4-7：优选法与试验设计初步； 选修 4-8：统筹法与图论初步； 选修 4-9：风险与决策； 选修 4-10：开关电路与布尔代数

系列 1 是为那些希望在人文、社会科学等方面发展的学生而设置的，系列 2 则是为那些希望在理工、经济等方面发展的学生而设置的。系列 1 和系列 2 内容是选修系列课程中的基础性内容。

系列 3 和系列 4 是为对数学有兴趣和希望进一步提高数学素养的学生而设置的，所涉及的内容反映了某些重要的数学思想，有助于学生进一步打好数学基础，提高应用意识，有利于学生终身的发展，有利于扩展学生的数学视野，有利于提高学生对数学的科学价值、应用价值、文化价值的认识。

(二) 澳大利亚

澳大利亚高中数学包括四种课程，每种课程分为四个单元。这四种课程不尽相同，以满足不同层次高中学生群体的学习需求。

"基础数学课程（Essential Mathematics）"的核心在于通过有效、高效和批判性地使用数学来进行合理的决策。该课程涉及相应数学知识与技能，从而帮助学生解决实际情境中的问题,这些情境包括工作、生活、继续教育以及社区中的实际生活情境。同时,该课程也为学生提供了相应的机会,使他们能够为今后直接就业或者接受职业培训做准备。

"普通数学课程(General Mathematics)"的核心在于运用数学解决相应情境中的问题,涉及的情境包括金融模型、几何与三角函数分析、图与网络分析以及数列中的增长与衰退。通过让学生运用统计探究来回答相应的统计学问题,该课程能够培养学生系统地思考问题的能力。

"数学方法课程(Mathematical Methods)"的核心是对微积分和统计分析的运用。微积分的学习包括在建模过程中对函数及其微分和积分的运用,它为理解现实世界中的变化率奠定了基础。统计学的学习培养了学生的表达和分析能力,使学生能够描述和分析那些涉及不确定因素及变量的现象。具体见表 2 - 3。

表 2 - 3 《数学方法课程》课程内容

单元	单元主题	重 点 内 容
1	函数与图像,三角函数,计数与概率	代数学概念与方法;变量之间的简单关系;函数及其图像;条件概率和独立;单位圆;三角形的三角函数及其应用;弧度制;三角函数的图像及其实际应用
2	指数函数,等差、等比数列与级数,微分学导论	指数函数及其性质与图像;等差数列、等比数列及其应用;等差数列与等比数列的递推定义;变化率与平均变化率;多项式函数的导数
3	微分学及其应用,积分学,离散型随机变量	指数函数、三角函数的导数及其应用;基本的求导方法;二阶导数的概念、意义和应用;微积分基本原理;使用积分计算面积;离散型随机变量;使用随机变量模拟随机过程
4	对数函数,连续性随机变量与正态分布,区间估计	对数函数及其导数;连续型随机变量及其应用;使用定积分计算连续型分布的概率;统计推断

"专业数学课程(Specialist Mathematics)"在数学方法课程的基础之上,提供了更多的机会,使学生学习更加严格的数学论证与证明,并促使他们能够更加广泛地使用数学模型。在数学方法课程的基础之上,专业数学课程继续介绍函数和微积分方面的知识并进一步加深难度。专业数学课程还展示了函数和微积分知识在不同领域中的应用。除此之外,专业数学课程拓展了学生在概率和统计学方面的知识和技能,并对向量、复数和矩阵方面的知识做了介绍。该课程必须在学习数学方法课程之后才能进行学习。

（三）加拿大

加拿大魁北克省的所有学生在第二阶段第一年(9 年级)修读相同的数学课程。在后面的两年,学生可以修读选修课,包括科学选项,技术和科技选项,文化、社会和技术选项。学生可选择三种课程之一进行学习。具体内容如下:

1. 科学选项(Science Option)(6 学分：150 学时)

此选项为学生进入大学学习纯科学类的课程做准备,其中包含自然科学学科所必须具备的数学知识。它设法帮助学生理解各种现象,指导研究和实验的进行,以便于学生能够提出解决方案并交流实验结果。

科学选项的关键组成部分:

- 主要进行科学探索;
- 了解不同现象的起源以及它们的作用;
- 使用各种能力来思考和分析各种模型。

2. 技术和科技选项(Technical and Scientific Option)(6 学分：150 学时)

此选项为学生基于科学原理开发更多的技术对象的领域研究做准备。学生选择此选项要求能够根据实际情况,提出原型或解决方案并且能够解释他们的决定和设计。

技术和科技选项的关键部分:

- 探究手工操作与脑力活动相结合的工作情况;
- 开展案例研究(包括科学工作);
- 熟悉仪器和技术工具;
- 识别错误和异常情况,并采用纠正措施。

3. 文化、社会和技术选项(Cultural，Social and Technical Option)(4 学分：100 学时)

此选项为学生进入艺术、人文和社会科学的课程学习做准备。它涉及的数学知识,可供学生研究实际生活问题的社会影响,并寻求与其相关的设计实物或解决方案。

文化、社会和技术选项的关键部分:

- 设计实物和活动;
- 思考社会原因;
- 成为积极公民。

（四）芬兰

芬兰将高中课程按学习内容的多少与难度分为高级大纲与基本大纲,其中又

23

分为必修课程与专业化课程。

教学在数学高级大纲中的角色是培养学生职业学习和高等教育学习所需要的数学能力。高级大纲提供学生理解数学概念和数学方法的机会，以及理解数学知识本质的能力。此外，教学致力于使学生清楚地明白，数学对于社会发展的重要意义以及数学在日常生活和科技中的应用。

其中，必修课程包括：函数和方程；多项式函数；几何；解析几何；向量；统计与概率；导数；幂函数和对数函数；三角函数和数列；微积分学。专业化课程包括：数论和逻辑；数值代数方法；微分和积分。

在基本教学大纲中，教学的作用是让学生获得能力，处理并理解数学信息，在生活中的不同情况下使用数学做进一步的研究。

(五) 法国

高中一年级数学大纲内容分为三部分：函数、几何、统计与概率。一方面强调算法，另一方面强调推理，两者相互融合，分布于上述三个部分。

高中二年级理科数学大纲的设计是让学生掌握概念以及它们的连贯性，一方面强调推理，另一方面强调算法，在整个大纲中应当体现出来。内容包括分析、几何、统计和概率。

高中二年级文科数学大纲的设计是要让学生掌握概念以及它们的连贯性，一方面强调推理，另一方面要强调算法，在整个大纲中应当体现出来，并不限制要怎么训练。内容包括代数和分析、统计和概率。

高中三年级理科数学大纲以获得能力为依据来设计，逐步学习概念。教师根据情况来决定教学时间长短。由此，一半的时间学分析，另外一半的时间分给几何和概率统计。高中三年级教学大纲的目标代表学生对该部分知识的掌握的最低水平，学生对此的掌握程度因人而异，并没有最高的限度。高中的最后一年里，一方面要掌握算法，另一方面是推理。这些必须贯彻在整个大纲中。内容包括分析、几何、统计和概率。

高中三年级文科数学大纲的目标是为了达到一定的能力，掌握一些概念和它们之间的关联。目标是学生在高中三年级掌握知识的最低要求，并不限制要怎么训练。一方面要掌握一定的算法，另一方面还要强调推理，这些必须在大纲的每个知识范围里执行。要求应当适度，并且必须和他们本专业的精神一致。内容包括分析、统计和概率。

（六）德国

德国黑森州高中数学课程大纲,具体涉及基本教学计划、课程设置、内容描述等。在基本教学计划上,具体介绍到三门学科:分析、线性代数/解析几何、概率论,在学科的课程设置上也分为两个学习的入门阶段(E1,E2)和四个学习的学程制阶段(Q1,Q2,Q3,Q4)。

在课程设置上,将学程制阶段的课程分为基础课程和提高课程。

在内容描述上,按照教学计划中所分的入门阶段和学程制阶段进行具体课程安排及其内容的描述,也分别对学程阶段每个学科的基础课程和提高课程进行了详细描述。

另外,在通用学习技能和专业学习目标及内容的传授方面,以及在跨专业和专业渗透结构的科学知识和培养上基础课程和提高课程提供了针对入门科学知识教育的共同习题。

（七）日本

日本高中数学课程设置:《数学Ⅰ》《数学Ⅱ》《数学Ⅲ》《数学 A》《数学 B》《数学活用》。其学习顺序:如果学习《数学Ⅱ》《数学Ⅲ》,那么以《数学Ⅰ》《数学Ⅱ》《数学Ⅲ》的顺序学习。《数学 A》可以与《数学Ⅰ》并行学习,或者修完《数学Ⅰ》后学习。《数学 B》可以修完《数学Ⅰ》后学习。具体内容:

数学Ⅰ:数与式,图形与计量,二次函数,数据分析,课题学习。

数学Ⅱ:各种式,图形与方程,指数函数,对数函数,三角函数,微分与积分的思考方法。

数学Ⅲ:平面上的曲线与复平面,极限,微分法,积分法。

数学 A:计数与概率,整数性质,图形的性质。

数学 B:概率分布与统计性推测,数列,向量。

数学活用:数学与人类活动,社会生活中的数理性考察。

（八）韩国

2009 年 12 月,韩国教育科学技术部发布了《高中课程总论》(韩国教育科学技术部第 2009—41 号文件),在其理念指导下 2011 年 8 月发布了高中数学课程修订版,已于 2013 年开始实施,如表 2-4 所示。

表 2-4　韩国高中数学课程结构(2011)

模　块	科　目	主　要　内　容
基本科目	基础数学	数与式的计算、方程与函数、毕达哥拉斯定理与三角比
一般科目	数学Ⅰ	多项式、方程和不等式、图形的方程
	数学Ⅱ	集合与命题、函数、数列、指数与对数
	概率与统计	排列与组合、概率、统计
	微积分Ⅰ	数列的极限、函数的极限与连续、多项式函数的求导法则、多项式函数的积分
	微积分Ⅱ	指数函数与对数函数、三角函数、求导法则、积分
	几何与向量	平面曲线、平面向量、空间图形与空间向量
深化科目	高级数学Ⅰ	向量与矩阵、线性变换、图
	高级数学Ⅱ	复数与极坐标、微积分的应用、偏微分

(九) 荷兰

学术类教育:荷兰有两类具选拔性的、引导学生进入高等教育的中等教育,即 VWO 和 HAVO。学生在前三年(初级中等教育阶段)学习科目和课程大致相同, VWO 的后三年和 HAVO 的后两年称为高级中等教育。从学制上可以判断, VWO 的课程对学生的学习能力提出了更为严格的要求。

VWO 中的数学作为所有课程系的必修科目之一,分为 A、B、C、D 四类。不同类别的数学包含或侧重不同的数学内容,同时难易程度也有所差别。数学 A 侧重概率统计,没有几何内容。数学 C 与数学 A 相似,但要求和难度都偏低。数学 B 比数学 A 更抽象,偏重代数、几何等基础数学学习,要求更高且难度更大。数学 B 是学生大学选择物理、化学专业的必修科目。数学 D 并不列入全国统考,由学校自行决定是否提供课程,通常与数学 B 组合,且只可能出现在自然与科技专业的课程。

职业类教育:VMBO 是职业教育(MBO)的预科课程。经过两年的基础学习阶段,学生在第三年开始专业学习(两年)。学习内容主要包括语言、数学、历史、艺术和科学在内的理论学习与职业训练课程。

(十) 俄罗斯

2004 年,俄罗斯教育部发布《关于批准初等普通教育、基础普通教育、中等(完全)普通教育国家教育标准联邦课程的命令》,并且颁布了第一代国家普通教育标准,其中的数学部分由三部分组成:小学(1~4 年级)、基础中学(5~9 年级)、完全中学(10~11 年级或 10～12 年级,并且分为普通基础水平和侧重数学专业水平)。每一部分都包括:数学教学的目的;数学教学大纲规定必学的最少内容;对学生数学学习的评价标准。

其中,课程标准(基础水平)中规定的必学内容:代数;函数;数学分析初步;方程与不等式;组合、统计和概率初步;几何。课程标准(侧重数学发展方向的水平)中规定的必学内容:代数式;三角学;函数;数学分析初步;方程与不等式;组合,统计与概率统计;几何。

(十一) 新加坡[1]

新加坡初等专科学院或中心学院的学生可以参加 A 水平测试。新加坡 A 水平测试与国际 A 水平测试挂钩,但有异于其他国家的 A 水平测试。其中数学这一科目分为 H1,H2 和 H3 三层次,就学科要求而言,H2 旨在发展学生的数学思考能力和问题解决能力,为学生进入大学后学习数学、物理和工程等对数学更高要求的专业做了充分准备。

H1 在课程时间和学习内容上仅为 H2 的一半(但深度不减),注重基本数学知识和统计技术的理解应用,旨在使学生具备分析和处理数据的能力,并根据所得结果进行决策。这一课程为进入大学后选择商业、经济和社会科学的学生提供数学基础,使其有更多时间和精力涉猎其他学科内容。

H3 是对 H2 的拓广,为那些有数学天赋并对数学怀有热情的学生追求更高、更深层次的研究提供了机会。

其中 H1 课标包括函数及其图像、微积分、概率、二项分布和正态分布、抽样和假设检验、相关性和回归分析;H2 课程标准包括函数及其图像,序列级数,向量,复数,微积分、排列、组合和概率,二项分布、泊松分布和正态分布,抽样和假设检验,相关性和回归分析;H3 数学中的内容由 H2 数学中的三个标题(函数与方程、序列级数和微积分)及附加的两个标题(组合学、微分方程模型)组成。

(十二) 南非[2]

南非高中数学课标中将学习的内容分为 10 个主题:1. 函数;2. 数字模式,数

————————————

[1] 宁连华,崔黎华,金海月.新加坡高中数学课程标准评介[J].数学教育学报,2013,22(4):1-5.

[2] 李娜,曹一鸣,Webb Lyn.南非国家高中数学课程与评价标准评介[J].数学教育学报,2013,22(4):6-10.

列,级数;3. 金融,增长,减少;4. 代数;5. 微积分;6. 概率;7. 欧氏几何与测量;8. 解析几何;9. 三角学;10. 统计。

除此之外,还介绍了每部分的内容所占的比重。比如,"代数与方程""模式与数列""金融,增长,减少""函数与图像""微积分""概率"在 10 年级所占比重依次为:30%,15%,10%,30%,0%,15%。"统计""解析几何""三角学与测量""欧氏几何"在 10 年级所占比重依次为:15%,15%,50%,20%。

(十三) 英国

英国的义务教育被划分为四个关键阶段(Key Stage):关键阶段 1(5～7 岁);关键阶段 2(7～11 岁);关键阶段 3(11～14 岁);关键阶段 4(14～16 岁),这四个阶段均属于免费义务教育。在英国,16～18 岁的教育为中学第二阶段,一般称为"第六学级"。专门从事"第六学级"的学校有第六学级学院、第三级学院、城市技术学院和其他类型的继续教育学院。因此,在英国学制体系中没有"高中"这一概念。鉴于在英国义务教育完成之后和大学教育之前的这一段的教育并没有所谓的课程标准,所以本书将高中阶段认定为关键阶段 4 中高级部分(关键阶段 4 的课程标准分为两个部分,初级部分和高级部分,初级部分内容相当于我国初中的内容,高级部分内容更贴近我们高中的内容)。

高级部分课程内容主要包括数与代数,图形、空间和测量,数据处理三部分。

(十四) 美国

美国共同核心州数学课标中高中部分有如下的内容分类:数与量(Number and Quantity);代数(Algebra);函数(Functions);建模(Modeling);几何(Geometry);统计与概率(Statistics and Probability)。该分类描述了连贯的高中数学。其中,建模最好理解为并非孤立的主题,而是与其他的内容相联系。建立数学模型是数学实践的标准,具体模型的表述贯穿整个高中标准。

二、基于知识领域内容分布的比较与分析

综合 14 个国家课程内容领域,参考数学科学的具体分支,为了课程内容及分布情况更具可比性,以课程标准中内容条目为基本单位,将高中数学课程内容统一按照 5 个知识领域(数与代数,图形与几何,统计与概率,微积分,其他)进行划分,并计算各个知识领域中所占的相应比重,绘制成图 2-1。

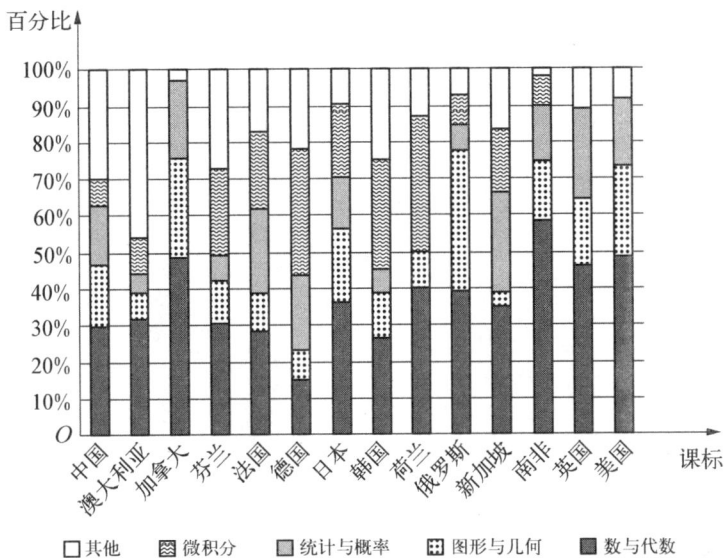

图 2-1　14 个国家课标高中数学课程知识领域内容分布图

说明：综合各国具体情况，将以下内容纳入"其他"知识领域——工具类数学知识：向量、组合数学、集合、算法初步、常用逻辑用语、推理与证明；高等数学类知识：微分方程、矩阵、图论、数论、数值代数、线性代数、幂级数、仿射投影；综合类数学知识：数学建模。共 15 个知识单元。

可以看出：14 个国家高中数学课程知识领域内容分布差异较大。

"数与代数"知识领域，南非课程内容所占比重最高（59%），德国课程内容所占比重最低（15%）；"图形与几何"知识领域，俄罗斯课程内容所占比重最高（38%），新加坡课程内容所占比重最低（4%）；"统计与概率"知识领域，新加坡课程内容所占比重最高（28%），荷兰课程中不包含此项知识领域内容；"微积分"知识领域，荷兰课程内容所占比重最高（37%），加拿大、英国、美国课程文本中不包含此项知识领域内容；"其他"知识领域，澳大利亚课程内容所占比重最高（46%），南非课程内容所占比重最低（2%）。

为了更明晰地了解我国知识领域比重在 14 个国家课程内容中的基本情况，将我国课程内容情况与 14 个国家课程内容的均值进行对比，如图 2-2 所示。

从中可以看出：我国课程内容与 14 个国家课程内容的均值在"图形与几何""统计与概率"知识领域所占比重接近（仅相差 1%）；在"其他""微积分""数与代数"知识领域所占比重相差较大，其中，我国课程内容在"其他"所占比重明显高于 14 个国家的均值（高出 11%），在"微积分""数与代数"所占比重则略低于 14 个国家的均值（分别低 8%、6%）。

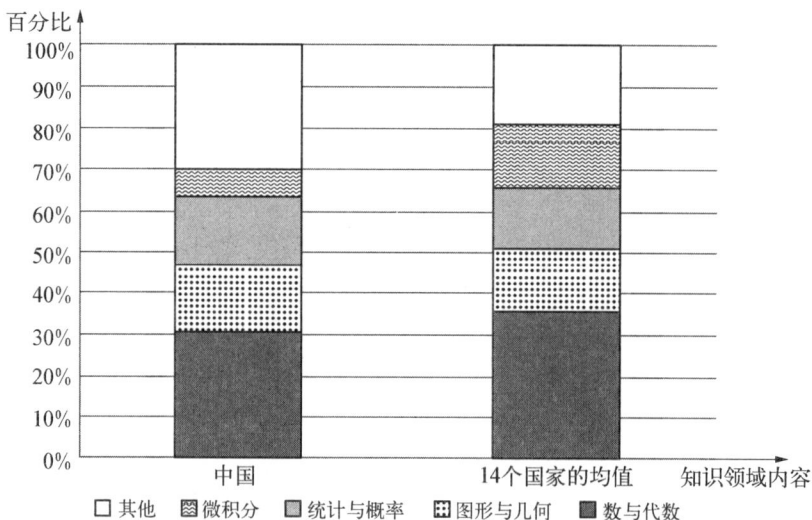

图 2-2　高中数学课程知识领域内容分布对比图

综合 14 个国家的基本情况,从一定程度上可以说明:我国较为重视"其他"知识领域内容设置;对于"微积分""数与代数"知识领域内容设置重视程度略显不足。

三、基于知识单元内容分布的比较与分析

为了进一步分析 14 个国家课程内容分布的基本情况,综合考虑各国课标中知识领域下属的单元,将 5 个知识领域细化为 32 个知识单元(如表 2-5 所示)。

表 2-5　知识领域之下知识单元的具体内容

知识领域	知 识 单 元
数与代数	函数;数与数系;方程;代数式;不等式;数列;数与代数其他内容
图形与几何	立体几何;解析几何;平面几何;图形与几何其他内容
统计与概率	统计;概率;统计与概率其他内容
微 积 分	微分学;积分学;微积分其他内容
其　　他	向量;组合数学;推理与证明;矩阵;微分方程;常用逻辑用语;数值代数;集合;线性代数;图论;算法初步;数论;幂级数;仿射投影;数学建模

说明:"数与代数其他内容"单元主要包含三角恒等变换、解三角形、解决问题等内容;"图形与几何其他内容"单元主要包含解决问题、交流、二维和三维关系等内容;"统计与概率其他内容"单元主要包含解决问题、交流等内容;"微积分其他内容"单元主要包含微积分基本定理、综合运用微分和积分、数学文化等内容。其中各个领域知识单元按照同时包含这个单元的国家数量降序排列。

一方面,在以上知识单元中,覆盖面最广的国家是韩国,具有 21 个知识单元,覆盖程度达到 66%;其次是我国和德国,具有 19 个知识单元,覆盖程度达到 59%;覆盖面最窄的国家是加拿大,仅有 11 个知识单元,覆盖程度仅为 34%,具体情况如图 2-3 所示。一定程度上说明我国课程内容的覆盖面在国际上是比较广的。

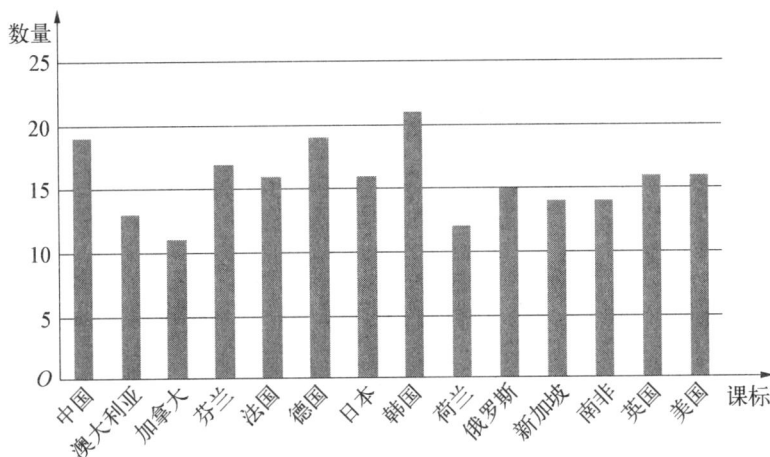

图 2-3　14 个国家知识单元数量统计图

另一方面,就我国高中数学课程而言:

1. 在"数与代数"知识领域中(如图 2-4 所示),"数列""其他""代数式"知识单元,我国课程内容与 14 个国家课程内容均值所占比重较为接近;"函数""不等式"知识单元,我国课程内容所占比重明显高于 14 个国家课程内容均值(分别高出 17%;12%);"数与数系""方程"知识单元,我国占比比重明显低于 14 个国家课程

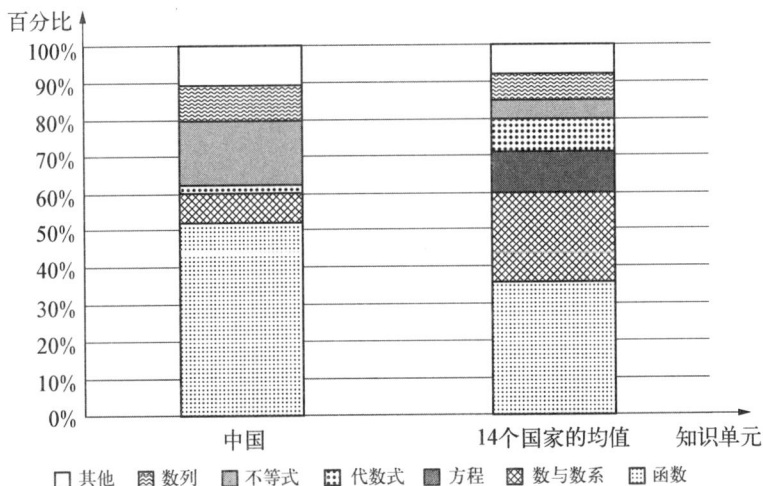

图 2-4　数与代数领域知识单元比重图

内容均值(分别低了 17%；10%)。一定程度上可以说明,我国课程内容较为重视"函数""不等式"知识单元。

2. 在"图形与几何"知识领域中(如图 2-5 所示),"立体几何""其他"知识单元,我国课程内容与 14 个国家课程内容均值所占比重较为接近;"解析几何"知识单元,我国课程内容所占比重明显高于 14 个国家课程内容均值(高出 34%);"平面几何"知识单元,我国课程内容占比比重明显低于 14 个国家课程内容均值(低了 35%)。一定程度上可以说明,我国课程内容较为重视"解析几何"知识单元;另外,由于"平面几何"知识单元我国基本在初中阶段进行学习,也可以看出我国"平面几何"设置时间比较超前。

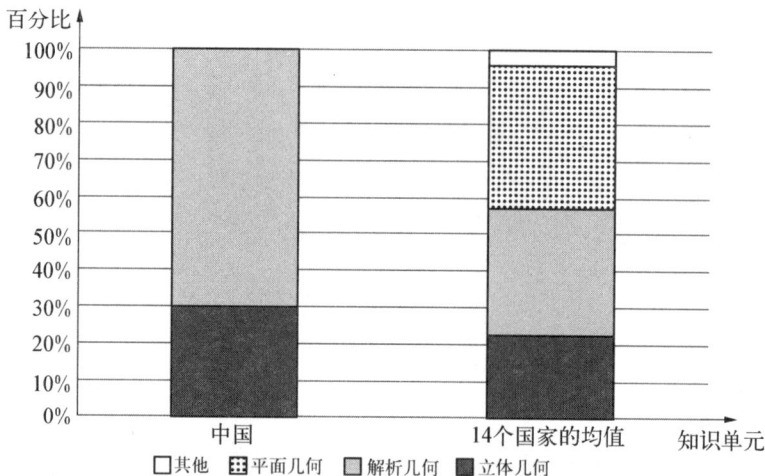

图 2-5 图形与几何领域知识单元比重图

3. 在"统计与概率"知识领域中(如图 2-6 所示),"概率""其他"知识单元,我

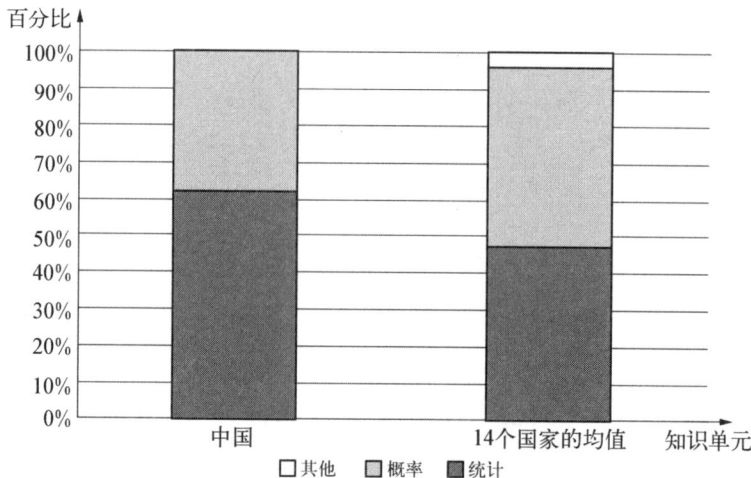

图 2-6 统计与概率领域知识单元比重图

国课程内容与 14 个国家课程内容均值所占比重较为接近;"统计"知识单元,我国课程内容所占比重明显高于 14 个国家课程内容均值(高出 15%)。一定程度上可以说明,我国课程内容较为重视"统计"知识单元。

4. 在"微积分"知识领域中(如图 2-7 所示),"微分学"知识单元,我国课程内容与 14 个国家课程内容均值所占比重较为接近;"其他"知识单元,我国课程内容所占比重明显高于 14 个国家课程内容均值(高出 12%);"积分学"知识单元,我国课程内容占比比重明显低于 14 个国家课程内容均值(低了 20%)。一定程度上可以说明,我国课程内容较为重视微积分之间的联系,而对于"积分学"知识单元的重视程度略显不足。

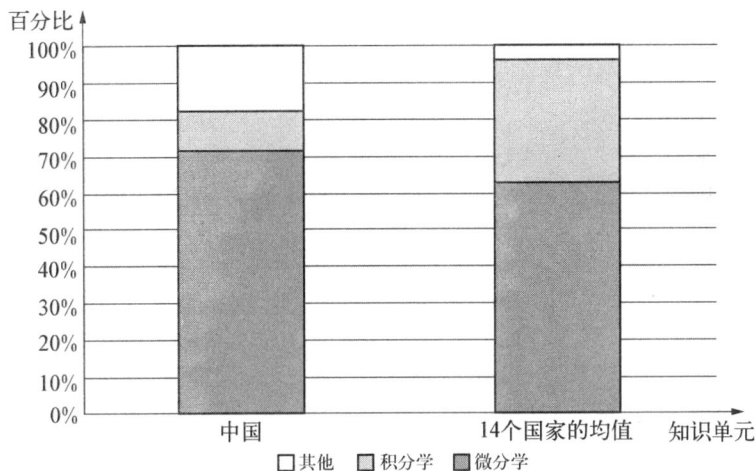

图 2-7　微积分领域知识单元比重图

5. 在"其他"知识领域中(如图 2-8 所示),德国课程内容知识单元覆盖程度最

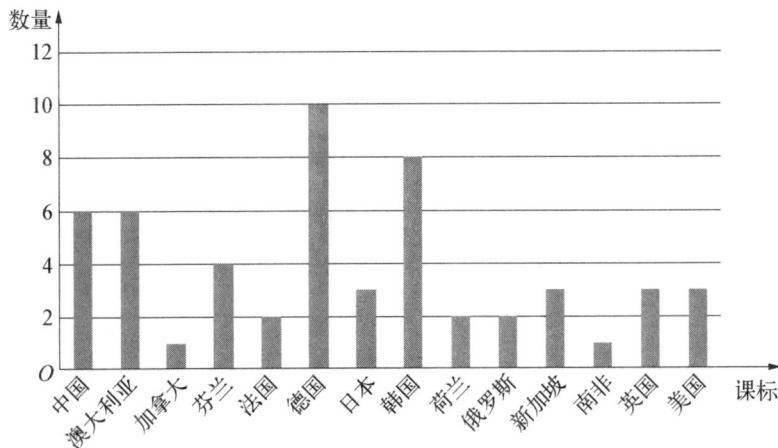

图 2-8　其他领域知识单元数量统计图

广,涉及向量、推理与证明、组合数学、微分方程、矩阵、数值代数、线性代数、数学建模、幂级数、放射投影等10个知识单元;加拿大、南非课程内容知识单元涉及面较窄,分别仅涉及向量、组合数学1个知识主题。我国课程内容涉及6个知识单元,分别是集合、算法初步、向量、常用逻辑用语、推理与证明、组合数学,在14个国家课程内容中覆盖程度较广。

四、基于知识主题内容分布的比较与分析

为了深入分析14个国家课程内容分布的具体情况,将32个知识单元进一步细化为108个知识主题,并统计各国知识主题数量,得到图2-9。

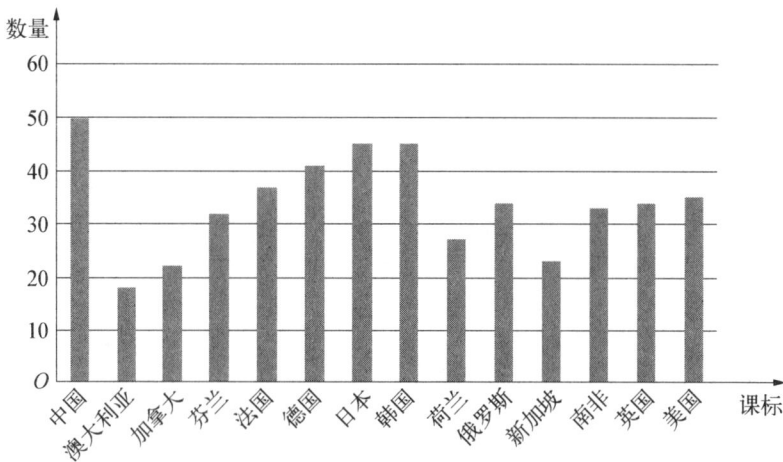

图2-9 14个国家知识主题数量统计图

一方面,在知识主题中,我国课程内容是覆盖面最广的,共有50个知识主题,比重达到46%;其次是日本、韩国课程内容,均有45个知识主题,比重达到42%;覆盖面最窄的是澳大利亚课程内容,有18个知识主题,比重仅为17%,可以再次说明我国课程内容的覆盖面在国际上是比较广的。

另一方面,对于知识主题在国家间的基本分布情况进行统计分析。

首先选取知识主题中前20%的主题(即8个及以上国家均有的主题,见表2-6)作为研究对象,一定程度上可以认为是14个国家比较关注的知识内容,将这些主题与我国课标中的主题进行比较研究。可以发现我国课程内容没有数的运算、一次方程(组)、二次方程(组)、三角形的性质及其证明这4个主题。进一步分析发现,这些主题已经出现在初中数学课程当中。因此,对于14个国家比较关注

的知识主题,我国课标覆盖得比较全面。

表2-6　8个及以上国家均出现的知识主题

共有某个知识主题的 国家数量	知　识　主　题
13	函数及其图像
12	三角函数;向量
11	代数式;指数函数
10	复数;概率的计算公式;导数在研究函数中的应用;组合数学
9	数的运算;不等式(组);一次方程(组);二次方程(组);对数函数;三角形的性质及其证明;导数概念及其几何意义
8	等差数列与等比数列;空间几何体;圆锥曲线;概率的统计定义;定积分的概念

其次,选取知识主题中的后20%(即只有1个国家独有的主题)作为研究对象,并与我国课程标准中的主题进行比较研究,见表2-7。

表2-7　1个国家独有的知识主题

知 识 领 域	数与代数	图形与几何	统计与概率	微积分	其　他
1个国家独有的 知识主题个数	5	6	7	4	6
我国独有的知识主题	实习作业	/	聚类分析 几何概型 数学文化	数学文化	算法初步

从表2-7中可以发现我国独有知识主题共有6个。其中,"实习作业"条目:根据某个主题,收集17世纪前后发生的一些对数学发展起重大作用的历史事件和人物的有关资料或现实生活中的函数实例,采取小组合作的方式写一篇有关函数概念的形成、发展或应用的文章,在班级中进行交流。具体要求参见数学文化的要求。

"数学文化"条目:通过阅读材料,了解人类认识随机现象的过程。收集有关微积分创立的时代背景和有关人物的资料,并进行交流;体会微积分的建立在人类发展中的意义和价值。具体要求见本标准中"数学文化"的要求。

由此可知,"数学文化"作为我国课程的特征之一贯穿在整个高中数学课程内容之中。

另外,以"算法初步"为例,只有我国课程内容将其作为独立的一个知识单元组织课程内容。其他国家有一些零散的算法知识分散在课程内容中,比如澳大利亚课程内容在"矩阵"中提出了"矩阵算法"的内容条目;芬兰课程内容在"数值代数方法"中提出了"学习算法的思想";法国课程中有一些专门设计算法的活动,如,用绘图工具能快速得到由代数式定义的函数的图像,有趣的是,对于分段函数,学生需要编写算法进行画图;几何坐标系是为了把几何性质变换成数值,为实施简单的算法来求解问题提供了可能等等。

第三节　结论和启示

近年来,虽然我国在国际教育比较项目中数学成绩非常理想,但是并不代表着我们可以故步自封,骄傲自满。它山之石,可以攻玉。通过 14 个国家高中数学课程比较研究,可以基于国际视野进一步了解我国课程内容分布的基本情况,为我国高中数学课程改革提供一定的启示:

从整体上看,我国高中数学课程覆盖面较广。在 108 个知识主题中,我国课程占总体知识主题的 46%,居 14 个国家之首,尤其是在"数与代数""统计与概率"领域。同时,对于其中没有覆盖的 14 个国家较为关注的主题,均基本出现在我国初中数学课程中,一定程度上也说明了我国中学数学课程要求的程度较深。

从知识领域内容分布上看,我国课程整体上分布比较合理。其中"图形与几何""统计与概率"内容条目比重与 14 个国家平均水平几乎一致;其他领域相差也并不是很大。相比较而言,"其他"领域内容偏多,比重超过平均水平 11%。因此,应当适当精简"其他"领域内容,增加"数与代数""微积分",尤其是"微积分"领域内容。

从知识单元内容分布上看,我国课程较为重视"函数""解析几何""统计"等内容,也重视"算法初步""集合""基本逻辑用语""向量""推理与证明"等工具性数学知识的内容;同时,也反馈出我国"微积分"尤其是其中"积分学"内容较为薄弱。

从知识主题内容分布上看,我国课程重视"数学文化"的渗透及工具性知识的学习。在"数与代数""图形与几何""统计与概率""微积分"领域均有涉及数学文化的内容条目,这也成为我国课程的特征之一。另外,算法初步,集合,常用逻辑用语等内容均为数学工具性知识,从一个侧面说明我国比较注重工具性数学知识的学习。

同时,也反馈出我国课程内容在"复数""导数在函数中的应用"等主题内容比较单薄,应当适当增加相应内容以便更好地与大学数学内容衔接。

　　另外,在我国课程内容所独有的知识主题中,以"算法初步"为例,其他国家课程内容,如澳大利亚、芬兰、法国课程内容,主要是依托具体内容呈现,这一现象也值得我们思考对其单独设置是否必要。

第三章／高中数学"函数"内容的
国际比较与分析

函数是高中数学中最基本的概念,也是各国高中数学课程中的核心内容之一,函数的思想贯穿着整个高中数学课程,现今我国高中函数的教与学存在诸多问题。世界上多次数学教育改革都强调函数知识及其思想的重要性。因此,对高中函数内容的国际比较研究具有重要意义。

这一章将基于15个国家的高中数学课程标准,对其中的函数内容进行比较与分析。

第一节　研究概述

本节将对研究的现状、问题、对象、概念界定与方法等内容,进行详细论述。

一、研究现状

从文献综述中发现,在广度方面,中美两国课标的知识点数都较多。在深度方面,美国课标高于中国课标,虽然两国课标都注重函数的表示方法和实际应用,但美国课标对学生在"函数的实际应用"方面的要求很高。在内容选择方面,首先是各国对于函数概念的表述、函数内容的引入方式都不尽相同;其次是中美两国课标中涉及的函数种类不同,中国课标有"幂函数"的内容,而美国课标没有,美国课标有"多项式函数"和"有理函数与无理函数"的内容,而中国课标没有。在内容编排方面,美国高中课标对函数的介绍比较宏观,对性质没有细致的介绍,而我国课标先介绍一般函数的知识,再介绍几类特殊函数,这和美国课标的处理也不相同。在信息技术使用方面,各国课标都重视信息技术与函数内容的结合,提出要加强课程与信息技术的整合力度。

二、研究问题

函数是我国中学数学课程的重要内容,那么函数在其他国家的课标中有着怎样的重视程度? 具体到各国课标上,函数的知识广度和深度又有怎样的知识广度和深度的差异? 哪几个国家的相关知识广度和深度比较突出,有哪些值得借鉴的内容? 具体到各国课标的函数内容的知识分布上,各国有着怎样的知识分布差异呢? 哪几个国家的知识分布比较突出,又有哪些值得借鉴的内容?

三、研究对象、概念界定与研究方法

(一) 研究样本的选取

本章选取中国、新加坡、日本、韩国、印度、芬兰、法国、德国、荷兰、俄罗斯、英国、加拿大、美国、澳大利亚、南非等 15 个国家的课标文本作为研究对象,根据研究需要加拿大选取 2007 年颁布的安大略省数学课标[1],法国课标选取文科和理科两个课标,分别记为法国(文科)、法国(理科)。本章将对上述课标从知识广度、知识深度、知识分布等多个方面进行比较分析。

(二) 概念界定和研究方法

本章及之后章节,都是基于研究样本进行定量和定性分析。定量分析借鉴曹一鸣和吴立宝等相关研究[2],主要包括内容的知识广度和知识深度。同时,在内容编码统计上,对相关内容进行量化的编码统计分析,而且也进行了国家和知识维度下的具体编码比较。定性分析主要涉及内容的知识主题和知识点,知识发展主线比较等。

1. 知识广度

知识广度是指课程内容所涉及的领域和范围的广泛程度,也就是通常所说的

〔1〕 曹一鸣,代钦,王光明.十三国数学课程标准评介(高中卷)[M].北京:北京师范大学出版社,2013.
〔2〕 曹一鸣,吴立宝.初中数学教科书难易程度的国际比较研究[J].数学教育学报,2015,24(4):7-11.

"知识点"数量的多少进行量化。知识点的拆分尽量小,这样统计比较清晰、明了。为了便于统计结果,本文利用下面的公式计算课程标准的广度。

$$G_i = \frac{a_i}{\max\{a_i\}}$$

其中,G_i 表示第 i 个课标的知识广度,a_i 表示第 i 个课标的知识点数量,$\max\{a_i\}$ 表示所有国家课程标准知识点数量中的最大值。

2. 知识深度

知识深度泛指课程知识内容所需要达到的思维深度。我国课标对知识与技能所涉及的行为动词水平分为"了解""理解""掌握"三个层次,并详细说明了各个层次对应的行为动词。很多国家的课标并未对教学内容的具体要求上做出明确的划分层次。综合我国对教学内容要求层次的划分方式,并参考新修订的布卢姆教育目标分类学,将每个知识点的深度由低到高分为四个认知要求层次:"了解""理解""掌握""灵活运用",对应水平权重分别为 1、2、3、4。计算公式如下:

$$S = \frac{\sum_{i=1}^{4} n_i d_i}{n} \left(\sum_{i=1}^{4} n_i = n; i = 1, 2, 3, 4 \right)$$

其中,$d_i = 1, 2, 3, 4$ 依次表示为"了解""理解""掌握"和"灵活运用"这四个认知要求层次;n_i 表示属于第 d_i 个深度水平的知识点数,n_i 的总和等于该课标所包含的知识点数总和 n,从而得出课标的深度[1]。

3. 统计分析法

统计分析方法是对所搜集的数据资料进行整理、分析和解释,统计分析的特点主要是进行量化分析[2]。利用多元统计方法对课标和知识点进行聚类分析。聚类分析是多元统计分析中研究"物以类聚"的一种方法,其主要目的是研究事物的分类。聚类分析把研究对象按一定规则分成组或类,而这些组或类是根据研究对象的特征而划定的。本书采用聚类分析中最常用的类平均法(average)和离差平方和法(ward),利用 SAS 软件对课标和知识点进行聚类分析,期望得到相关知识内容设置相似的课标分类和知识点受重视程度相似的知识点分类。

———————————

[1] 李淑文.中日两国初中几何课程难度的比较研究[D].长春:东北师范大学,2006.

[2] 曾天山.教育科学研究的视野与方向[M].北京:教育科学出版社,2009.

第二节　知识广度的国际比较与分析

知识广度的国际比较与分析,首先进行了广度基准"知识点"的编码统计确定,其次对各个课程标准中函数的知识点数量进行编码统计,再次按照研究方法中介绍过的方法计算得到知识广度。

一、函数内容的总广度结果比较

由于要确保广度跟深度统计的一致性,本章在量化分析时没有把俄罗斯、新加坡和印度这三个国家的课标考虑在内,因为这三个国家的课标中关于认知要求不具体,俄罗斯课标只列出了部分知识点的要求,新加坡课标只列出了标题和内容,印度课标只列出了知识点,所以没办法对其进行深度分析。函数内容的总知识点数见表 3-1。

表 3-1　函数内容的总知识点数统计

课标	中国	美国	澳大利亚	韩国	荷兰	南非	法国（理科）	法国（文科）	日本	芬兰	德国	加拿大	英国
数量	44	39	33	30	30	28	27	23	22	19	17	14	13
广度	1.00	0.89	0.75	0.68	0.68	0.64	0.61	0.52	0.50	0.43	0.39	0.32	0.30

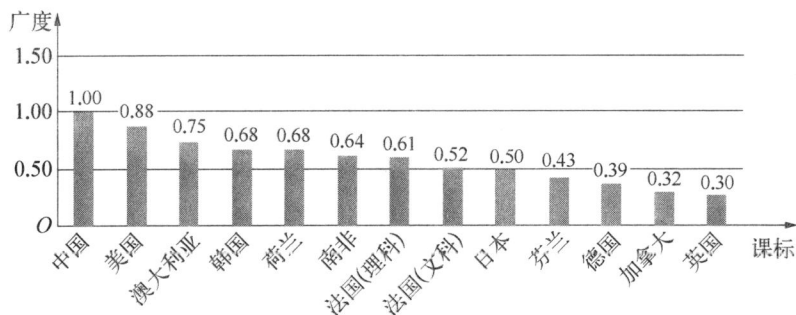

图 3-1　函数内容总广度统计

从图 3-1 可以看出,中国高中数学课标在函数内容上涉及面最广,广度为 1;其次是美国课标,广度为 0.88;第三是澳大利亚课标,广度为 0.75。从具体知识上看,中、美、澳三国课标函数课程的基本内容是一样的,都包含了函数概念及其性质、指数函数、对数函数、三角函数。但在具体内容上,有较大的差别。英国课标知识点数最少,其广度只有 0.30。相比之下,韩国、荷兰、南非和法国(理科)的知识量较为接近。

二、函数概念及其性质的广度比较

从函数概念及其性质的广度来看,各国课标在该部分的广度差异较大,具体如表 3-2 所示。

表 3-2   函数概念及其性质的知识点数统计

课标	美国	中国	法国(理科)	法国(文科)	澳大利亚	德国	韩国	荷兰	南非	加拿大	英国	日本	芬兰
数量	19	16	13	13	9	8	8	8	7	6	6	3	3

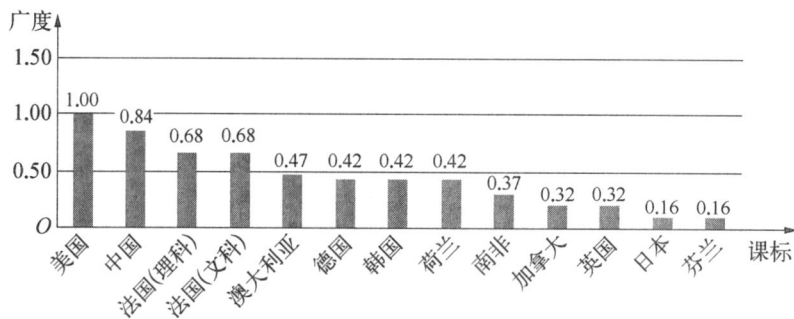

图 3-2   函数概念及其性质的广度统计

具体分析如下:

1. 美国课标位居第一。从具体知识点来看,美国课标不仅包含了其他国家课标中涉及的知识点,也包含了只有本国和极少数国家课标才有的知识点,如阶跃函数图像、绝对值函数、函数的零点、函数模型的应用、终端走势(end behavior)。从美国课标关于函数概念及其性质部分的知识点选择上可以看出,美国注重培养学生利用函数模型解决实际问题。

2. 中国课标位居第二。与美国课标相比,我国课标比美国课标多了映射的概念、函数的图像、二分法,而美国比我国多了阶跃函数图像、函数图像的对称变换、绝对值函数、三次函数、复合函数、终端走势。

3. 法国(理科)和法国(文科)课标并列第三。除了法国(理科)课标涉及绝对值函数而法国(文科)课标涉及三次函数以外,法国(文科)和法国(理科)课标在其他知识点的选取上保持一致。法国(文理科)课标在函数概念及其性质部分的知识点较广,涉及仿射函数、函数图像的对称变换、终端走势的学习。

4. 澳大利亚、德国、韩国、荷兰、南非、加拿大、英国课标排名处于中间。其中,德国、韩国和荷兰课标的广度相同,加拿大和英国课标的广度相同。澳大利亚课标涉及垂线检验,除此以外,涉及函数的概念、构成要素、图像等基本知识点。德国、韩国和荷兰这三个国家课标的广度虽然一样,但具体知识点的分布存在差异:德国课标知识点集中在函数的概念、图像、性质(单调性、最值)、具体函数(一次函数、二次函数、三次函数);韩国课标知识点集中在函数的概念、构成要素、图像、映射、具体函数(一次函数、二次函数、常函数);荷兰课标知识点集中在函数的图像变换(平移、伸缩)、性质(单调性、奇偶性、周期性、最值)、反比例函数。南非课标主要涉及函数的概念、构成要素、表示方法、图像及其变换、具体函数(二次函数、三次函数)。加拿大和英国课标在这部分涉及的知识点数量不多,加拿大课标有函数的性质(单调性、奇偶性)、复合函数和离散函数,英国课标主要有具体函数(一次函数、二次函数、三次函数、反比例函数)和函数图像变换(平移、伸缩)。

5. 日本和芬兰课标排名处于最后。这两个国家课标在函数概念及其性质涉及的知识点很少,日本课标只有二次函数、函数的最值和复合函数,芬兰课标只有函数的概念、一次函数和反比例函数。

三、指数函数的广度比较

表3-3　指数函数的知识点数统计

课标	澳大利亚	韩国	中国	日本	芬兰	荷兰	南非	德国	美国	英国	法国(理科)	加拿大	法国(文科)
数量	7	7	7	6	5	5	5	4	4	3	2	2	1

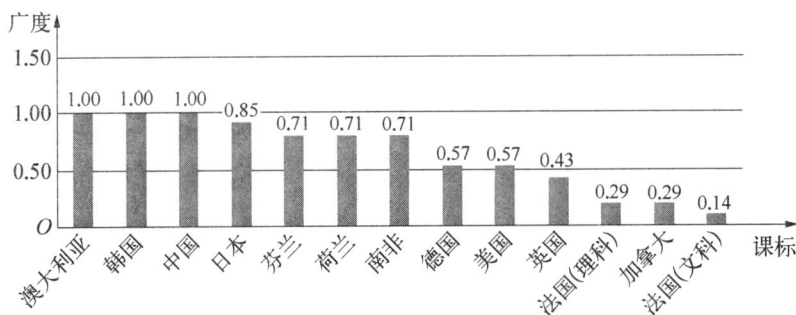

图3-3　指数函数的广度统计

各个国家课标在指数函数部分涉及的知识点数均不多,但还是存在一些小差别。

1. 澳大利亚、韩国和中国课标并列第一。这三个国家课标在指数函数部分的知识点完全相同,包括:有理数指数幂与根式,实数指数幂,幂的运算,指数函数的概念、图像、性质、应用。

2. 排名位于第二的是日本课标。与上面三个国家课标相比日本只不涉及幂的运算。

3. 芬兰、荷兰和南非课标的排名并列第三。这三个国家课标均不涉及指数函数的应用,另外芬兰课标没有指数函数的图像,荷兰课标没有实数指数幂,南非课标没有指数函数的性质。

4. 德国和美国课标并列第四。德国课标在这部分并没有利用幂的概念来为指数函数做铺垫,而是直接讲解指数函数的概念、图像、性质和应用。美国课标在有理数指数幂的基础上引出指数函数的概念、图像和应用。

5. 英国、法国(理科)、加拿大和法国(文科)课标所涉及的知识点数均很少。英国课标涉及有理数指数幂与根式、幂的运算和指数函数的图像;法国(理科)课标涉及指数函数的概念和图像;加拿大课标涉及指数函数的概念和应用;法国(文科)课标只有指数函数的图像。

四、对数函数的广度比较

表 3-4　对数函数的知识点数统计

课标	中国	澳大利亚	日本	韩国	荷兰	法国(理科)	法国(文科)	南非	美国	芬兰	德国	加拿大	英国
数量	9	8	7	7	7	5	5	5	4	3	3	1	0

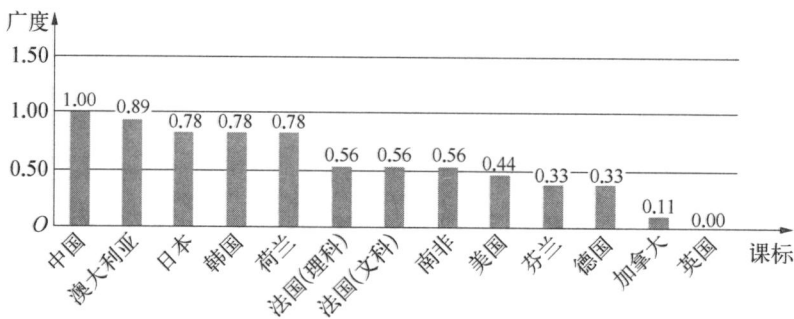

图 3-4　对数函数的广度统计

1. 中国、澳大利亚、日本、韩国和荷兰课标在对数函数的广度统计中排名靠前。这些国家课标都涉及对数的概念及运算,对数函数的概念、图像、性质,反函数的概念。另外,中国课标还包含反函数的定义域、值域、图像以及对数函数的应用,而其他四个国家课标对反函数的定义域和值域不作要求。

2. 法国(理科)、法国(文科)、南非课标处于中间层次。这三个课标都不涉及对数的概念和运算、对数表、对数的应用。在反函数方面,法国(文理科)课标只包含其概念和图像,南非课标还包含定义域、值域。

3. 美国、芬兰、德国课标在对数函数部分的知识点数相差不多,但侧重点不一样。美国课标侧重于反函数内容,德国课标侧重于对数的概念和运算,芬兰课标侧重于对数函数的概念和性质。

4. 加拿大和英国课标排名在最后,加拿大课标只提到了对数函数的概念,而英国课标在对数函数部分的知识点数为零。

五、幂函数的广度比较

表3-5　幂函数的知识点数统计

课标	芬兰	韩国	荷兰	美国	法国(理科)	法国(文科)	日本	南非	英国	中国	加拿大	澳大利亚	德国
数量	3	3	3	3	2	2	2	2	2	2	2	1	0

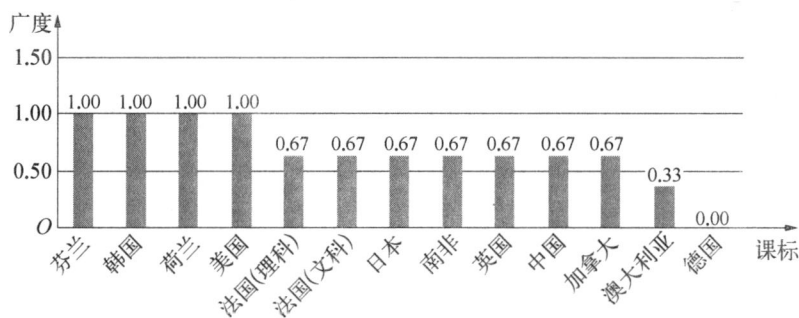

图3-5　幂函数的广度统计

1. 芬兰、韩国、荷兰和美国课标的广度并列第一。芬兰课标涉及幂函数的概念、多项式函数、平方根函数;韩国课标涉及多项式函数、分式函数、无理函数;荷兰课标涉及幂函数的概念和图像、无理函数;美国课标涉及多项式函数、分式函数、平方根函数。

2. 法国(理科)、法国(文科)、日本、南非、英国、中国、加拿大课标在幂函数部分的知识点数一致,但在具体知识点上不同。加拿大课标涉及多项式函数、分式函数;法国(文理科)课标涉及多项式函数、平方根函数;日本课标涉及分式函数、无理函数;南非课标涉及多项式函数、分式函数;中国和英国课标涉及幂函数的概念和图像。在幂函数部分,除了中国、芬兰和荷兰课标直接要求幂函数的概念以外,其他课标用多项式函数、分式函数、无理函数、平方根函数等形式代替幂函数。

3. 澳大利亚课标仅有幂函数的图像。

4. 德国课标不涉及幂函数内容。

六、三角函数的广度比较

表 3-6 三角函数的知识点数统计

课标	中国	美国	南非	澳大利亚	荷兰	芬兰	法国(理科)	韩国	日本	加拿大	英国	法国(文科)	德国
数量	10	9	9	8	7	5	5	5	4	3	2	2	2

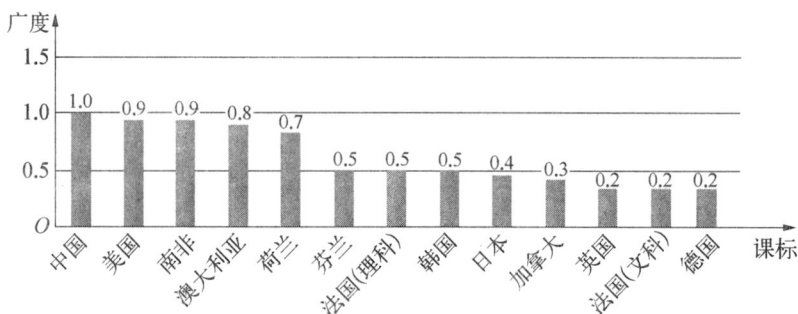

图 3-6 三角函数的广度统计

1. 中国课标位居第一,涉及面较广,包括:弧度制,单位圆,三角函数的定义、图像、性质,诱导公式,基本关系式,反三角函数,以及三角函数的应用。

2. 美国和南非课标并列第二。南非课标不涉及单位圆和反三角函数,而美国课标不涉及三角函数的定义和特殊三角函数的值。

3. 澳大利亚和荷兰课标分别位居第三和第四。荷兰课标不涉及单位圆、特殊三角函数的值、反三角函数、三角函数的应用等知识点;澳大利亚课标不涉及三角函数的性质、基本关系式、反三角函数等知识点。

4. 芬兰、法国(理科)和韩国课标并列第五。这三个国家课标都有弧度制、三角函数性质,但在单位圆、三角函数的定义、特殊三角函数的值、三角函数的图像、基本关系式、三角函数的应用等方面存在差异。

5. 日本和加拿大课标分别位居第六和第七。这两国课标都有弧度制和三角函数的定义,略有不同的是日本课标还涉及三角函数的图像、性质,而加拿大课标还涉及三角函数的应用。

6. 英国、法国(文科)和德国课标的知识点数最少。法国(文科)课标包括单位圆和特殊三角函数的值;德国课标包括弧度制和 $y = A\sin(ax + c)$;英国课标包括三角函数的定义和图像。

七、各知识主题的广度在课标中所占比重的比较

表 3-7 各知识主题的知识点数统计

知识主题 \ 课标	澳大利亚	加拿大	芬兰	法国(理科)	法国(文科)	德国	日本	韩国	荷兰	南非	英国	美国	中国
函数概念及其性质	9	6	3	13	13	8	3	8	8	7	6	19	16
指数函数	7	2	5	2	1	3	4	6	5	5	3	4	7
对数函数	8	1	3	5	5	3	5	7	5	5	0	4	9
幂函数	1	2	3	2	2	0	2	3	3	2	2	3	2
三角函数	8	3	5	5	2	3	2	4	9	9	2	9	10
小 计	33	14	19	27	23	17	22	30	30	28	13	39	44

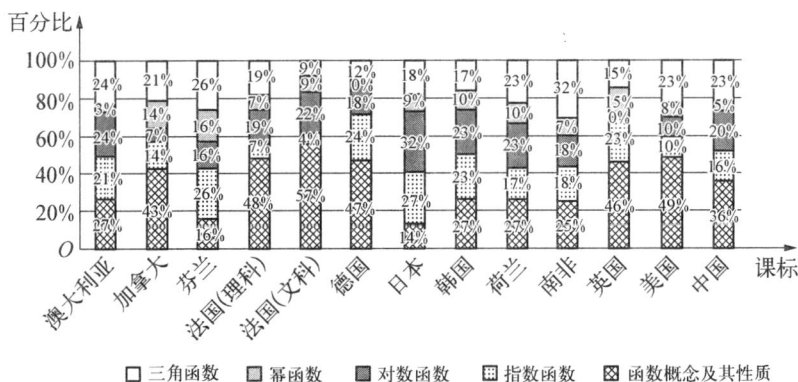

图 3-7 各知识主题的广度在本课标总广度所占比重

从图 3-7 可以看出,大部分课标在五个知识主题的分布极不均衡。

47

1. 澳大利亚课标：除了在幂函数部分广度所占的比重较少以外；在函数概念及其性质、指数函数、对数函数和三角函数所包含的知识点数差不多。

2. 加拿大课标：在函数概念及其性质部分广度所占比重较大，达 43%；在对数函数部分所占比重最小，只有 7%，在指数函数和幂函数所占比重均为 14%。

3. 芬兰课标：在函数概念及其性质、对数函数和幂函数三部分所占比重一致，均为 16%；在指数函数和三角函数两部分所占比重皆为 26%。

4. 法国（文理科）课标：同是法国的课标，文理科在函数内容的分布上还是存在一定的差异。法国（文科）课标在函数概念及其性质、对数函数、幂函数这三部分的比重值较法国（理科）大，而在函数概念及其性质部分，法国（文科）课标模块所占比重较大，达 57%，法国（理科）课标达 48%；法国（文科）课标在幂函数和三角函数模块的比重都较低，只有 9%。

5. 德国课标：在函数概念及其性质部分所占比重较大，达 47%；其次是指数函数、对数函数和三角函数；不涉及幂函数。

6. 日本课标：在对数函数部分所占比重最大，有 32%；其次是指数函数 27%、三角函数 18%、函数概念及其性质 14%；最低的是幂函数 9%。

7. 韩国课标：在函数概念及其性质、指数函数和对数函数三部分的比重相差不多，其次是三角函数，最后是幂函数 10%。

8. 荷兰课标：在函数概念及其性质的比重略大，为 27%；其次是在对数函数和三角函数部分，均为 23%；最后是指数函数和幂函数。

9. 南非课标：在三角函数模块广度比重最大，有 32%；其次是函数概念及其性质；再次是指数函数和对数函数，这两者的比重一样，都为 18%；最后是幂函数。

10. 英国课标：在函数概念及其性质部分的比重值最大，有 46%；其次是指数函数；再次在幂函数和三角函数部分的比重一样，为 15%；不涉及对数函数。

11. 美国课标：在函数模块所占比重接近半数，为 49%；其次是三角函数部分，其比重有 23%；在指数函数、对数函数、幂函数三部分的知识点数差不多。

12. 中国课标：在函数概念及其性质部分的比重略大，有 36%；其次呈递减排列是三角函数、对数函数和指数函数，这三部分的比重相差不多；比重最低的是幂函数。

第三节　知识深度的国际比较与分析

一、函数内容的总深度结果比较

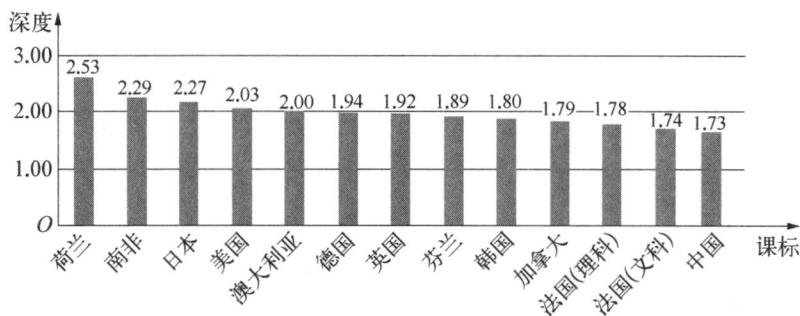

图 3-8　函数内容总深度统计

各个课标函数内容总深度从大到小排名见图 3-8。由广度、深度统计数据来看,课标的广度和深度有一定的相关性,但也有一定的差异性。

1. 荷兰课标在函数内容总深度上排名第一。荷兰课标对学生的要求较高,多数知识点均需达到"掌握"认知要求层次。这可能与荷兰的教育目标有关,荷兰须不断提高学生学业成绩,确保荷兰在世界知识经济领域排名前五位的水平。

2. 南非和日本课标分别位居第二和第三。南非课标也有很多知识点要求达到"掌握"的程度。而日本课标的多数知识点要求学生达到"理解"认知要求层次,这可能与日本高中数学学科的总目标突出强调了"通过数学活动""体系的理解""数学地考察事物和表现的能力""创造性的基础""数学的好处"和"以数学为根据作出判断"六个方面有关。

3. 美国课标位居第四。美国课标在把函数应用到数学建模方面和函数与问题解决的结合方面,对学生的要求很高。

4. 澳大利亚课标位居第五。澳大利亚课标的多数知识点要求"理解"认知要求层次。

5. 德国、英国、芬兰、韩国、加拿大、法国(理科)课标处于中间位置。德国、英国、芬兰、加拿大、法国(理科)课标不仅广度不大,而且深度也不大。不过,韩国课标在函数内容总广度上位居第四,在深度上位居第九,主要因为韩国在"了解"认知要求层次的知识点接近半数。

6. 法国(文科)和中国课标排在最后。法国(文科)课标在广度上处于中间位置,但在深度上排倒数第二位,主要由于其在"了解"和"理解"层次的知识点占了绝大比重。中国课标在广度上处于第一位,而在深度上的排名处于最后一位。虽然中国在函数内容的知识点数量较多,但接近半数的知识点仅要求"了解",又有很大比例的知识点处于"理解"层次,在"掌握"和"灵活运用"层次上涉及的内容不多。

二、各知识主题的深度比较

表3-8 各知识主题的深度统计

知识主题 ＼ 课标	澳大利亚	加拿大	芬兰	法国(理科)	法国(文科)	德国	日本	韩国	荷兰	南非	英国	美国	中国
函数概念及其性质	1.5	1.3	2.7	2	2	2	2	1.5	2.5	3.2	2.2	2	1.7
指数函数	2.1	2.5	2	2	1	2.3	2.2	1.7	2.4	2.2	1.6	1.8	2.1
对数函数	2	1	2.3	1.2	1.2	2.3	2.3	2.3	2.6	2	0	1	1.4
幂函数	2	1	2	3	2.5		1.7	2.3	3	2	2.3	1
三角函数	2.1	2	1	1	1	2	1.4	2.7	1.6	1.5	2.2	1.7

第一,函数概念及其性质部分的深度比较发现:南非课标的深度最大,主要是该课标对这部分知识点的要求都较高,都需要"掌握"和"灵活运用"的认识水平。其次是芬兰、荷兰和英国课标,主要是因为这三国课标在这部分的知识点均需达到"理解"和"掌握"的程度。再次是法国(理科)、法国(文科)、德国、日本和美国课标,这几个国家课标对该部分大多数知识点的要求处于"了解"和"理解"认知要求层次,其中法国(文理科)课标在处理分段函数内容时,要求学生编写算法进行画图,还要求确定仿射函数的变化趋势;德国课标要求学生理解函数图像的对称变换;日本课标涉及理解复合函数;美国课标要求学生利用函数模型解决问题。最后是中国、澳大利亚、韩国和加拿大课标,中国课标在这部分注重内容的系统性和完整性,而对认知要求没有太高的要求,基本处于"了解"和"理解"层次,少数知识点要求"掌握",也没有其他拓展内容;澳大利亚课标的知识点要求均处于"了解"和"理解"层次,不过涉及了垂线检验,这是其他国家课标中所没有的;韩国课标除了要求"掌握"复合函数以外,其他的知识点都要求"了解"和"理解";加拿大课标的深度要求最低,除了涉及"了解"复合函数和离散函数,其在这部分的知识点数很少,而且要求很低。

第二,指数函数部分的深度比较发现:加拿大课标在该部分的深度最大,是因为其在该部分只有两个知识点,一个要求"理解",一个要求"掌握"。荷兰课标居第二,"掌握"层次的知识点占半数以上。接着是德国、日本、南非课标,德国和日本课标的知识点均属于"理解"和"掌握",而且"理解"层次的知识点数多于"掌握"层次;南非课标的知识点都在"了解"和"掌握"层次。澳大利亚、中国、芬兰、法国(理科)、美国、韩国、英国课标处于中间位置,这些国家课标的知识点大体上在"了解""理解"和"掌握"认知要求层次均有所分布,其中,芬兰课标的知识点均要求"理解",英国课标集中在"了解"和"理解"。法国(文科)课标深度最小,只有一个需要"了解"的知识点。

第三,对数函数部分的深度比较发现:荷兰课标的深度排名位居第一,是由于在这部分绝大多数的知识点处于"掌握"认知要求层次。其次是芬兰、德国、日本和韩国课标,要求层次基本是"理解"和"掌握",而且需要"理解"的知识点数多于"掌握"。澳大利亚和南非这两个国家课标的知识点认知要求在"了解""理解""掌握"均有分布。中国、法国(理科)、法国(文科)、加拿大、美国这五个国家课标中知识点要求集中在"了解"和"理解"层次。英国课标在这部分没有知识点。

第四,幂函数部分的深度比较发现:法国(理科)和南非课标并列第一,主要是因为这两个国家的课标在这部分都仅有两个需要"掌握"的知识点。法国(文科)、荷兰、美国这三个国家课标在这部分的知识点分布在"了解"和"掌握"层次。澳大利亚、芬兰、英国、日本,这四个国家课标中的知识点均处于"理解"层次。韩国课标有两个处于"理解"层次,一个处于"了解"层次;中国和加拿大课标都是有两个"了解"层次的知识点。德国课标在这部分没有知识点。

第五,三角函数的深度比较发现:荷兰课标的深度最大,基本要求达到"掌握"认知要求。其次是美国和澳大利亚课标,这两个国家课标主要集中在"理解"和"掌握"层次。德国和日本课标的知识点主要处于"理解"层次;加拿大课标在"了解""理解"和"掌握"层次都有所分布。中国、南非、英国、韩国这四个国家课标集中在"了解"和"理解"认知要求。芬兰、法国(理科)、法国(文科)课标的所有知识点都只需要"了解"。

三、函数内容的认知要求分布

由图3-9可以很清晰地看出,各国课标中"了解""理解""掌握""灵活运用"四个认知要求层次的分布情况有所差异,所有课标在"理解"和"掌握"这两个认知要

51

求层次都有相应的知识点,而在"了解"和"灵活运用"层次不是所有课标都有相应的知识点,这体现了各个课标的侧重点存在差异,深层原因在于各个国家针对本国教育遇到的问题而制定相对应的课程标准。

表 3-9　四个认知要求的知识点个数统计表

认知要求 ＼ 课标	澳大利亚	加拿大	芬兰	法国(理科)	法国(文科)	德国	日本	韩国	荷兰	南非	英国	美国	中国
1 了解	9	8	5	12	10	4	0	15	4	10	2	13	21
2 理解	18	3	11	10	10	11	18	9	6	2	10	16	16
3 掌握	3	1	3	4	2	1	2	3	20	14	1	6	5
4 灵活运用	3	2	0	1	1	1	2	3	0	2	0	4	2
小计	33	14	19	27	23	17	22	30	30	28	13	39	44

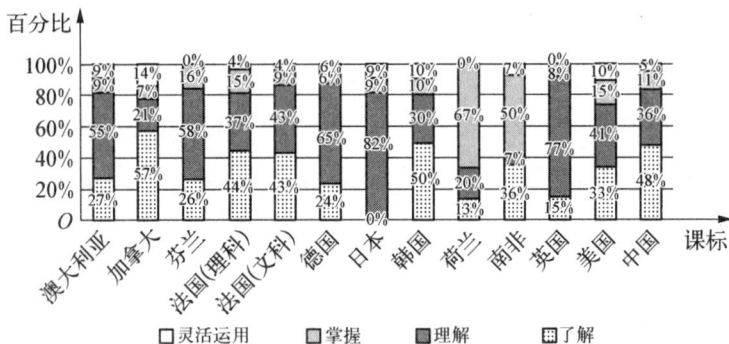

图 3-9　四个认知要求的知识点个数占本课标总数的比重

首先,注重"了解"层次认知要求的有:加拿大、法国(理科)、法国(文科)、韩国、中国课标,日本课标没有"了解"层次的知识点。这可能是因为,加拿大课标的基本原则是"所有学生都可以成功地学习数学"。法国前一轮课程改革的效果并不明显,学生学业失败的情况依然严重,而最新一次课改的主要意图是使法国教育与欧盟及国际社会接轨,使学生得到更好的教育。韩国提出 2009 年基础教育课程的修订方向是减少学生的学习负担,激发学生的学习兴趣,确立了"全球化创造性人才教育"的课程理念。中国课标中提出高中数学课程是义务教育后普通高级中学的一门主要课程,它包含了数学中最基本的内容,是培养公民素质的基础课程。

其次,注重"理解"层次认知要求的有:澳大利亚、芬兰、德国、日本、英国、美国课标。澳大利亚高中数学包含四种课程,而这四种课程不尽相同,以满足不同层次高中学生群体的学习需求,其中的"数学方法课程"的核心是对微积分和统计分析的运用。芬兰课标中提出,学生应该在认识自身作为一个学习者的长处、自身发展需要以及运用最合适自身学习方法的方面得到支持。德国中学数学的教学目标是通过学生在数学课堂上的积极学习,让学生掌握所学内容。此课程的目的是培养学生自主学习、交流合作、收集信息、展示学习成果的能力。日本高中数学学科的总目标突出强调了"通过数学活动""体系的理解""数学地考察事物和表现的能力""创造性的基础""数学的好处"和"以数学为根据作出判断"六个方面。英国在进入21世纪以来,显现出诸如课程的连续性不够、灵活性不高等问题,而且在 PISA 测试中的表现呈现严重的下降趋势,由于学生在国际的竞争日趋强烈,英国教育必须向世界上最好的教育学习。美国课标与现实生活联系非常紧密,涵盖了学生未来大学学习和事业成就所需的知识与技能。

再者,注重"掌握"层次认知要求的有:荷兰和南非课标,这两个国家课标均体现了对学生创新能力和动手操作能力的重视。荷兰教育系统最突出的原则和特点是教育自由,荷兰须不断提高学生学业成绩,确保荷兰在世界知识经济领域排名前五位的水平。南非由于在 TIMSS 中表现糟糕,政府觉得需要为那些在数学学习方面有困难的学生提供一套学习标准,这套标准以实际生活为背景,设置最基本的数学知识,以满足他们在高中三年的学习需求。

最后,注重"灵活运用"层次认知要求的课标几乎没有。在大部分课标中,只有少数知识点会达到"灵活运用"层次,其中美国课标在该部分的知识点数最多,其次是澳大利亚和韩国课标。像芬兰、荷兰和英国这三个课标中就不存在这个层次的知识点。出现这种状况的主要原因应该是这个层次的知识点对学生来说要求较高。

第四节　知识分布的国际比较与分析

一、高中课标中函数内容的聚类分析

利用 SAS 软件,采用聚类分析中的类平均法和离差平方和法,首先对 13 个课标进行聚类分析,以各个课标中知识点的认知要求为指标,得到函数内容设置相似的课标分类;其次对 66 个知识点进行聚类分析,以所有知识点的认知要求为指标,得到知识点受重视程度相似的知识点分类。

(一) 对课标进行聚类分析

1. 类平均法聚类分析及结果分析

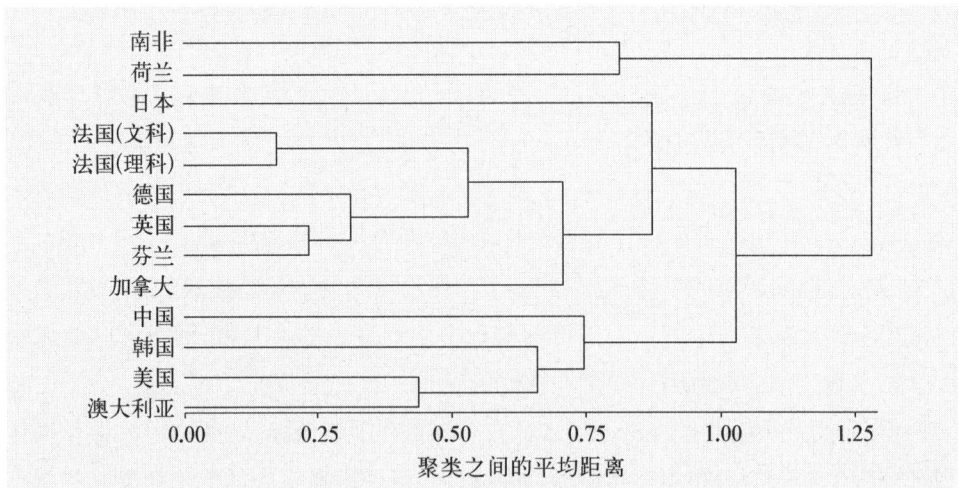

图 3-10　用类平均法对不同课标进行聚类分析的谱系图

NCL	--Cluster	Joined---	FREQ	SPRSQ	RSQ	ERSQ	CCC	PSF	PST2	Norm RMS Dist
12	法国(理科)	法国(文科)	2	0.0025	0.997	.	.	35.7	.	0.1745
11	芬兰	英国	2	0.0045	0.993	.	.	28.3	.	0.2317
10	CL11	德国	3	0.0094	0.984	.	.	20.0	2.1	0.3131
9	澳大利亚	美国	2	0.0160	0.968	.	.	14.9	.	0.4378
8	CL10	CL12	5	0.0488	0.919	.	.	8.1	8.9	0.5287
7	CL9	韩国	3	0.0427	0.876	.	.	7.1	2.7	0.6572
6	加拿大	CL8	6	0.0584	0.818	.	.	6.3	3.6	0.7061
5	CL7	中国	4	0.0545	0.763	.	.	6.4	1.9	0.7440
4	荷兰	南非	2	0.0552	0.708	.	.	7.3	.	0.8139
3	CL6	日本	7	0.0917	0.616	.	.	8.0	3.7	0.8749
2	CL5	CL3	11	0.2964	0.320	0.440	-1.30	5.2	8.1	1.0262
1	CL2	CL4	13	0.3199	0.000	0.000	0.00	.	5.2	1.2808

图 3-11　用类平均法对不同课标的聚类过程

注：图 3-11 中，NCL 指分的类数；Clusters Joined 指聚成的类；FREQ 指频数；SPRSQ 指半偏 R^2，某步骤的值越大则上一步骤合并的效果越好；RSQ 指 R^2；ERSQ 指近似期望 R^2；CCC 指充分分类条件；PSF 指伪 F 统计量，用于评价分为 NCL 个类的聚类效果，其值越大表示这些观测样品可以显著地分为 NCL 个类；PST2 指伪 t^2，可以评价此步骤合并类的效果，其值越大表明上一次合并的两个类是很分开的，也就是上一次聚类的效果是好的。后续图同理。

由聚类过程图 3-11 可知：利用类平均法聚类，通过半偏 R^2 统计量 SPRSQ 可得，从五类合并成四类、三类合并成两类时损失最多，此统计量表明聚成五类、三类较合适；通过 R^2 统计量 RSQ 可知，从三类合并成两类 R^2 减少了很多，它也支持分三类；伪 F 统计量 PSF 表明分为二、三类比较合理；伪 t^2 统计量 PST2 表明分为三类较好。综上所述，根据判别指标值，可以很清楚地看到，在倒数第二行，

SPRSQ、RSQ、RMS 值突然波动,可以决定,将课标分成三类比较合适。

结合类平均法,下面分析一下分成三类的情况:

第一类,日本、法国(文科)、法国(理科)、德国、英国、芬兰、加拿大课标。这 7 个课标的广度和深度基本处于中间位置,各国课标也各有特点。

第二类,南非和荷兰课标。南非课标强调学生在高中阶段应该有更多运用数学的经历,培养他们的推理能力以及创造性才能,为进一步学习高等数学做好准备。荷兰教育最突出的特点是高度自由,其课标只规定了学生需要达到的最低要求,即便这样,该课标的深度在 13 个课标中也位居第一。弗赖登塔尔主张数学教育应当从学生熟悉的现实生活开始和结束,其倡导的这种数学教育经过二十几年来几代人的探索和实践,得以不断丰富、完善和发展,形成了今天荷兰的现实数学教育[1]。现实数学教育包含情景问题和数学化这两个核心概念,注重学生的数学实际应用能力。如在三角函数部分要求学生能利用振动模型、简谐运动等具体例子理解周期现象,掌握三角函数的表达式及其图像,比较其图像变化过程。

第三类,中国、韩国、美国、澳大利亚课标。中国课标在函数内容的知识点数量较多,但在"掌握"和"灵活运用"层次上涉及的内容不多。美国课标制定者认为有效的数学教学着眼于培养学生的"过程性知识和熟练的技能",这是数学教育中的重要内容[2]。澳大利亚课标多数知识为"理解"认知要求层次,韩国课标在"了解"认知要求层次的知识点接近半数。

2. 离差平方和法聚类分析及结果分析

NCL	--Cluster	Joined---	FREQ	SPRSQ	RSQ	ERSQ	CCC	PSF	PST2
12	法国(理科)	法国(文科)	2	0.0025	0.997	.	.	35.7	.
11	芬兰	英国	2	0.0045	0.993	.	.	28.3	.
10	CL11	德国	3	0.0094	0.984	.	.	20.0	2.1
9	澳大利亚	美国	2	0.0160	0.968	.	.	14.9	.
8	加拿大	韩国	2	0.0369	0.931	.	.	9.6	.
7	CL8	CL12	4	0.0426	0.888	.	.	7.9	2.2
6	荷兰	南非	2	0.0552	0.833	.	.	7.0	.
5	CL9	中国	3	0.0617	0.771	.	.	6.7	3.9
4	CL10	日本	4	0.0647	0.706	.	.	7.2	9.3
3	CL7	CL4	8	0.1479	0.559	.	.	6.3	5.5
2	CL5	CL3	11	0.2388	0.320	0.44	-1.3	5.2	5.6
1	CL2	CL6	13	0.3199	0.000	0.00	0.00	.	5.2

图 3-12　用离差平方和法对不同课标的聚类过程

〔1〕 孙晓天.荷兰的数学教育和数学课程标准[J].教育科学研究,2000(3):85-91.
〔2〕 曾小平,刘效丽.美国《共同核心数学课程标准》的背景、内容、特色与启示[J].课程·教材·教法,2011(7):92-96.

由聚类过程图 3-12 可知：利用离差平方和法聚类，通过半偏 R^2 可得，从四类合并成三类、三类合并成两类、两类合并成一类时损失较多，此统计量表明聚成四类、三类或两类较合适；通过 R^2 统计量可知，从三类合并成两类 R^2 减少了很多，它支持分三类；伪 F 统计量表明分为四类比较合理；伪 t^2 表明分为三类较好。综上所述，根据判别指标值，可以决定，将课标分成三类或四类比较合适。

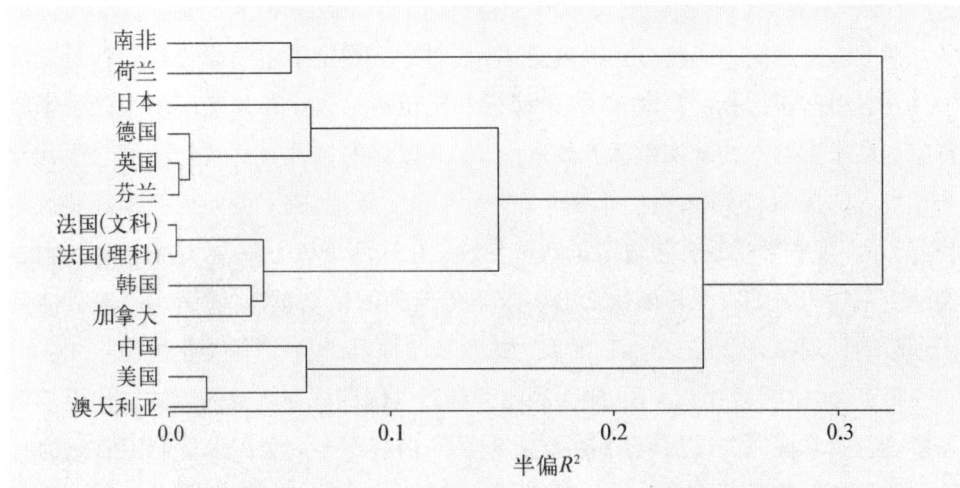

图 3-13　用离差平方和法对不同课标进行聚类分析的谱系图

从图 3-13 聚类谱系图可以直观地看出，将课标聚成三类或四类都是相对合理的。第一类：南非、荷兰课标；第二类：中国、美国、澳大利亚课标；第三类：日本、德国、英国、芬兰课标；第四类：法国（文科）、法国（理科）、韩国、加拿大课标。后两类也可以合并为一类。

下面探讨离差平方和法把课标分成四类的聚类情况，主要分析前两类的相似原因。

第一类，南非和荷兰内容上都有较大的广度。

第二类，中国、美国、澳大利亚知识点侧重于"了解"和"理解"层次，都体现了一定的多元性、开放性和全球性[1]。

（二）对知识点进行聚类分析

用类平均法和离差平方和法分别对知识点进行聚类。类平均法建议分成四

---

[1]　郭玉峰,由岫.澳大利亚数学课程的最新变化、特点及启示[J].课程·教材·教法,2012(3):118-121.

类,离差平方和法建议分为四类或五类。综合考虑采取离差平方和法分的四类。下面对分类情况进行分析,先计算这四类知识点深度的平均值,深度越大说明这类知识点的认知要求越高。具体结果见表3-10。

表3-10 离差平方和法分成四类的结果

受重视程度	知 识 点
最受重视	二次函数、有理指数幂与根式、实数指数幂、幂的运算、指数函数的概念、指数函数的图像、指数函数的性质、指数函数的应用、对数的概念、对数的运算、对数函数的概念、对数函数的图像、对数函数的性质、反函数的概念、任意角、弧度制、三角函数的定义、$y = A\sin(ax + c)$、三角函数的性质、诱导公式、基本关系式、三角函数的应用
次受重视	一次函数、反比例函数、函数图像的平移变化、函数图像的伸缩变化、三次函数、幂函数的概念、幂函数的图像、三角函数的图像
次不受重视	函数的概念、函数的构成要素、函数的表示方法、函数的图像、分段函数、函数的单调性、函数的最值、仿射函数、函数图像的对称变换、绝对值函数、二分法、反函数的图像、多项式函数、平方根函数、单位圆、特殊三角函数的值
最不受重视	映射的概念、区间、函数的奇偶性、函数的周期性、函数的有界性、线性分段函数图像、阶跃函数图像、函数的图像变换、垂线检验、常函数、复合函数、离散函数、函数的零点、函数模型的应用、终端走势、反函数的定义域和值域、对数表、对数函数的应用、分式函数及图像、无理函数及图像、反三角函数

由统计结果可知,我国课标包含所有最受重视的知识点,其中实数指数幂、指数函数的图像、对数函数的图像、反函数的概念、任意角、弧度制、$y = A\sin(ax + c)$ 的要求只是"了解"层次。我国课标中映射的概念、区间、函数的性质(奇偶性、周期性、有界性)、函数的零点、函数模型的应用、反函数的定义域和值域、反三角函数等包含于最不受重视的知识点中。

二、函数内容的发展主线

本小节对15个国家高中数学课程标准中函数内容的发展主线进行了提炼和归纳,见表3-11。

表3-11 函数内容的发展主线

国 别	函数内容的发展主线
澳大利亚	一次函数→二次函数→反比例函数→幂函数→多项式函数→函数的定义→函数的图像和性质(平移、伸缩,定义域,值域)→三角函数→指数函数、对数函数

国 别	函数内容的发展主线
南 非	函数的定义→函数的图像和性质(定义域、值域、反函数、平均坡度、单调性)→三角函数→指数函数、对数函数→多项式函数
加拿大	二次函数→函数的定义→指数函数、对数函数→三角函数→多项式函数、有理函数(水平、垂直渐近线、定义域、值域、截距、单调性)→函数特性(复合函数)
英 国	一次函数→二次函数→其他函数(三次函数、反比例函数、幂函数、指数函数、三角函数)→图像的变换(旋转、平移)
美 国	函数的定义→具体函数Ⅰ(线性函数、二次函数、平方根函数、立方根函数、分段函数、阶梯函数、绝对值函数、多项式函数)→反函数→具体函数Ⅱ(指数函数、对数函数)→函数与模型→具体函数Ⅲ(三角函数)
印 度	函数的定义→具体函数Ⅰ(一对一映射函数、复合函数、反函数、多项式函数)→三角函数(反三角函数)→指数函数、对数函数
中 国	函数的定义→函数的性质(奇偶性、单调性、最值)→基本初等函数Ⅰ(指数函数、对数函数、幂函数)→函数的应用(解方程、建模)→基本初等函数Ⅱ(三角函数)
芬 兰	幂函数→指数函数→函数的定义→多项式函数→根式函数、对数函数(复合函数、反函数)→三角函数
法 国	函数的定义→函数的性质(原象,象,单调性,最值)→一次函数、仿射函数→二次函数→多项式函数(定义、性质、二次三项式)→函数的推广(平方根函数、绝对值函数、立方根函数)→三角函数(正弦、余弦函数)→函数的对称、运算(复合函数)→指数函数、对数函数
德 国	函数的定义→函数的图像和性质(对称性、单调性、最值)→指数函数、对数函数→正弦函数→多项式函数
日 本	函数的定义→二次函数→指数函数、对数函数→三角函数→分式函数、无理函数(反函数、复合函数)
韩 国	一次函数→二次函数→函数的定义→复合函数、反函数→有理函数、无理函数→指数函数、对数函数→三角函数
荷 兰	指数函数→幂函数→三角函数→对数函数→变化(最值、单调性)
俄罗斯	函数的定义→函数的性质(奇偶性、单调性、周期性、有界性、最值)→反函数、复合函数→三角函数→指数函数→对数函数
新加坡	函数的定义→指数函数、对数函数(对称性、与坐标轴的交点、拐点、渐近线)→反函数、复合函数→函数的图像和性质

由表3-11可知,各国课标中函数内容的发展主线基本相同:定义→性质→基本初等函数,其中基本初等函数包括幂函数、指数函数、对数函数、三角函数。但存在如下显著差异:

1. 各国在基本初等函数的编排顺序上不同,有些国家(加拿大、芬兰、德国、日本、韩国、荷兰、英国、美国)先学习指对数函数再学习三角函数,另一些国家(澳大利亚、法国、俄罗斯、南非、印度)则先学习三角函数再学习指对数函数;

2. 函数种类的选择上差异较大,如法国课标、美国课标涉及有理函数和多项式函数,加拿大课标涉及离散函数,而中国课标只涉及五个最基本的函数。各国课标对函数概念内涵的关注程度存在一定的差异,这本质上反映了各国对函数学习的不同定位,而不同的定位又是不同数学教育观念的具体反映,如德国关注现实导向和图像、美国关注数学模型、法国关注多元表示和形式化、日本关注直观化、中国关注内涵和模型,等等[1]。

数学应用作为数学的基本特征之一,是各国课程所强调的[2]。数学的教与学不是停留在数学概念的记忆、公式的套用,更重要的是学习在日常生活中用数学。虽然各国的课程差异很大,但一致重视数学应用。中国在处理函数应用这方面,专门安排课时进行学习,而其他国家要么是将数学建模渗透在学习具体函数中,要么不涉及函数应用。数学应用进入中学有重要作用,通过应用使学生对数学有一个比较全面的认识和感受,对绝大部分学生来说,将来在工作和生活中直接使用数学公式和结果的机会并不多,主要是数学中蕴含的思想的应用,因此函数思想是极为重要的。

函数概念是高中数学课程的核心概念之一,下面就"函数"定义的引入方式进行论述。所研究的 15 个国家的高中数学课标中,只有 5 个国家的课标较详细地给出了函数的定义。澳大利亚是基于"映射"来阐述"函数",指出函数是集合之间的映射。南非先在 11 年级给出了"函数"是输出量依赖于输入量,然后又在 12 年级给出了一个更为正式的定义,说明了输出量是怎样依赖输入量的变化,即给定非空数集 A 和 B,使得 A 中任一元素 $a \in A$,都有 B 中唯一确定的 $b \in B$ 与之对应。美国的课标指出函数是从定义域到值域,使定义域内的每个元素与值域内的每个元素唯一的对应。中国课标上的"函数"概念定义是利用对应与集合的语言。印度首先引入"关系"这一概念,然后指出"函数"是"关系"的一种特殊形式。以下是上述 5 个课标中函数概念的引入方式。

〔1〕 王嵘,章建跃,宋莉莉,周丹.高中数学核心概念教材编写的国际比较——以函数为例[J].课程·教材·教法,2013(6):51 - 56.
〔2〕 周继英.新课程背景下培养中学生数学应用意识的探讨[D].重庆:重庆师范大学,2010.

表 3-12　函数概念的引入方式

国　别	函数概念的引入方式
澳大利亚	函数是集合之间的映射,用来表达两个变量只讲关系的法则或者表达式
南　非	11 年级:一个量(输出的量)仅仅依赖于另一个量(输入的量); 12 年级:给定非空数集 A 和 B,按照某个函数,使得 A 中任一元素 $a \in A$,都有 B 中唯一确定的 $b \in B$ 与之对应,通常我们用字母来表示这个函数,如 f,记作 $b = f(a)$,表示 b 是 B 中与 A 中 a 对应的唯一元素。我们也用这样的符号 $f: A \rightarrow B$ 来强调 f 是集合 A 到 B 建立的函数
印　度	作为一个集合到另一个集合的特殊关系
中　国	通过丰富实例,进一步体会函数是描述变量之间的依赖关系的数学模型,在此基础上学习用集合与对应的语言来刻画函数,体会对应关系在刻画函数概念中的作用;构建函数的一般概念,了解构成函数的要素,会求一些简单函数的定义域和值域
美　国	从一个集合(定义域)到另一个集合(值域),定义域内的每个元素与值域内的每个元素唯一的对应。如果 f 是一个函数,x 是定义域内的一个元素,那么 $f(x)$ 表示 f 对于 x 的输出,f 的图像是方程 $y = f(x)$ 的图像

　　澳大利亚和中国都采用映射的观点来刻画函数,它反映的是两个数集之间的关系。但两国课标在函数和映射这两个知识点的先后顺序方面差异明显,澳大利亚是先学习映射,再学习函数;中国则是通过具体实例,体会函数是数集之间的一种特殊的对应关系,然后再了解映射的概念。中国在初中设置函数模块,介绍了简单的函数相关知识,澳大利亚的函数内容完全是在高中完成的,所以中国以初中函数相关知识作为背景,进一步讨论函数的定义和简单性质,以及学习新的函数形式,澳大利亚则按照先介绍函数后讨论性质的顺序处理[1]。通过研究发现在教学实践中,函数与映射引入方式对不同水平学生的影响有所不同:先函数后映射的引入方式,有利于培养中上等学生的创新思维;先映射后函数的引入方式有助于利用简单生动的映射来降低函数的理解深度,这对学习基础薄弱的学生有优势,使他们容易理解函数[2]。南非在 11 年级和 12 年级分别对函数的概念进行描述,从简单到复杂,让学生容易接受。美国和印度都是基于"关系"给出函数的概念,美国较详细,印度较简单。此外,加拿大在函数特征这部分内容中引入函数的概

　　〔1〕　张笑谦,胡典顺.中澳高中数学教材的比较及启示——以澳大利亚 VCE 课程与人教版高中数学教材函数与映射章节为例[J].数学教育学报,2013,02:71-75.
　　〔2〕　赵天峰.高中阶段函数与映射引入的比较研究[D].长春:东北师范大学,2010.

念,并且通过对指数函数和三角函数两个新关系类型的探究加深对函数概念的理解。

　　考虑到高中学生的认知发展规律,为了帮助他们理解并掌握函数概念的本质,可以采取从函数的描述性定义和学生已掌握的具体函数入手,通过引导学生联系自己的生活经历和实际生活中遇到的问题,尝试列举其中的函数关系,从而构建函数的一般概念。虽然中国课标在函数的定义方式上注重培养学生从特殊到一般的思维方式,也结合了函数概念的实际背景,让学生从大量的两个变量之间的关系中归纳出函数的概念,进而理解函数的本质。但是在处理函数概念时,要求"体会函数是一种数学模型",而在课堂教学中,如何落实"体会"? 又如何构建函数的一般概念呢? 如果真的做到了"体会",那么也就很自然地构建出函数的一般概念,不过"体会"的度很难界定,教师较难把握教学难度。

三、幂函数、指数函数、对数函数的内容设置

　　从整体上来看,幂函数、指数函数和对数函数是高中阶段要学习的比较重要的基本初等函数,也是刻画现实世界的几类重要模型,另外,幂函数、指数函数和对数函数的学习有助于加深学生对函数概念的理解和应用。有些国家并未把幂函数、指数函数、对数函数作为连续内容出现在课程标准中,说明它们之间并无必要的逻辑关系。

　　对于幂函数这部分内容,除澳大利亚、芬兰、荷兰、英国、中国课标提及"幂函数"以外,有些国家课标并没有提到幂函数,如加拿大、印度、俄罗斯、新加坡、南非、德国课标。有些国家课标则以其他函数形式代替:法国课标以多项式函数出现;日本课标没有专门的幂函数概念,是以分式函数、无理函数形式出现,安排在《数学Ⅲ》中,而且三角函数安排在指对数函数之前;韩国课标也没有专门的幂函数概念,是以无理函数形式出现;美国课标以根式函数出现。对于幂函数的处理,一直存在着争议,中国之前删除了幂函数的内容,现在又把这部分的内容加回来,这有利于完善高中涉及的函数模型,便于学生在利用函数模型解决实际问题时考虑更全面,所以中学生需要对幂函数有初步的认识。像法国、日本、韩国、美国课标以根式函数等其他具体函数形式代替幂函数内容,不仅具体实用,而且便于数学模型的建立,进而与高等数学紧密联系。

　　指数函数和对数函数部分的概念原理无论在表述上还是数量上,各国都不尽相同。除芬兰是单独讲解指数函数和对数函数以外,大部分国家都是先学习指数

函数,然后利用反函数或互逆关系来引出对数函数,这样使得对数函数的学习变得容易了。另外,澳大利亚课标把指数函数和对数函数进行对比学习,没有利用互为反函数来解释;法国课标在指对数函数上求导数等。德国、荷兰课标注重和生活情境相联系。英国课标在名称上有所不同,以"指数型函数"名称出现。美国课标强调利用指对数函数进行建模。针对指对数函数的具体说明如表3-13。

表3-13 指数函数与对数函数的内容设置

国　别	指对数函数的内容设置
芬　兰	分开学习指数函数和对数函数
澳大利亚	把指数函数和对数函数紧密地进行对比学习。对于指数函数和对数函数的关系,利用两者的互逆关系来解释,即 $y = a^x$ 的等价形式为 $x = \log_a y$。在图像和性质处理上,同样联系对比对数函数和指数函数,但澳大利亚画图时使用图形计算器,要求学生大量地画各种对数函数图像,从这些特殊例子中总结规律再把规律扩展到一般
加拿大	先学习指数函数,然后利用指数式与对数式的互化,得到对数函数,进而用技术探究对数函数和指数函数互为反函数
法　国	原理又广又深,涉及指数函数的趋势(当 $x \to 0$ 时自然对数运算等),还有差分、复合函数和导数等
德　国	通过指数扩充并运用如生长过程、衰减过程、银行利息等实际例子引出指数函数的定义,然后利用逆函数引出对数函数,注重数学发展的逻辑性
日　本	对指数函数、对数函数的表述比较简练,重在理解意义和运用上,这种要求很明显地体现它的实用主义观点
韩　国	理解指数函数和对数函数
荷　兰	利用反函数学习指数函数和对数函数,对于指数函数内容还要求识别指数变化过程,如某个增长趋势是否为指数增长,计算有关初始值、增长因子、增长率、半衰期、倍增时间等
俄罗斯	理解指数函数和对数函数
新加坡	先讲解指数函数,然后利用等价关系引出对数函数
南　非	先学指数函数,然后由指数函数等价变化得到对数函数
英　国	指数型函数
美　国	利用指对数函数进行建模
印　度	学习指数函数和对数函数
中　国	先学习指数函数再学习对数及对数函数,并体会指数函数和对数函数是重要的函数模型,知道指数函数与对数函数互为反函数

四、三角函数的内容设置

除新加坡和德国课标不涉及三角函数以外,印度、日本、韩国、英国、俄罗斯课标只是说明"理解"三角函数。加拿大、中国、法国、芬兰课标利用弧度制和单位圆定义三角函数,美国课标在此基础上强调了利用三角函数建模周期现象。南非课标仅讲解了三角函数在直角三角形中的定义,还要求通过构建三角函数模型来解决二维与三维空间的问题。荷兰课标利用振动模型、简谐运动等具体例子理解周期现象,进而理解正弦与余弦函数。澳大利亚课标对三角函数的研究首先介绍单位圆、角度值、三角形中的三角函数及其应用,然后介绍弧度制、三角函数的图像及其在不同情境中的应用。

弧度制的引入,使得三角函数可以抽象成一个和角度没有直接关系,只是一个刻画周期变化的映射,从而有助于我们利用三角函数去研究一些具体模型。所以,对弧度的介绍必不可少。总之,学习三角函数内容是很有必要的,因为三角函数是高中阶段函数学习的一个基本初等函数。

第五节　结论和启示

通过前面对澳大利亚、加拿大、芬兰、法国、德国、日本、韩国、荷兰、俄罗斯、新加坡、南非、英国、美国、印度、中国这15个国家高中阶段的数学课标中函数内容进行比较,在知识广度、知识深度、认知要求、函数概念的发展主线、具体函数的内容设置几个方面得出了以下研究结论与启示。

一、函数内容总广度上中国课标排名第一,总深度上中国课标处于最后

在函数内容总广度方面,中国高中数学课标涉及面最广,其次是美国、澳大利亚课标。从具体知识上看,中、美、澳三国函数课程的基本内容是一样的,都包含了函数概念及其性质、指数函数、对数函数、三角函数。但在具体内容上,有较大的差别。

荷兰课标在函数内容总深度上排名第一,对学生的要求较高,多数知识点均需达到"掌握"认知要求层次。美国课标对学生在把函数应用到数学建模方

面和函数与问题解决的结合方面要求很高。法国（文科）课标排名倒数第二，主要是因为其在"了解"和"理解"层次的知识点占了绝大比重。中国课标在深度上的排名处于最后一位，虽然在函数内容的知识点数量较多，但接近半数的知识点仅要求"了解"即可，又有很大比例的知识点处于"理解"层次，在"掌握"和"灵活运用"层次上涉及的内容不多，这方面值得我们思考，是否需要加大知识点的深度。

二、各课标中函数内容在四个认知要求层次分布上存在差异

在各课标中，"了解""理解""掌握""灵活运用"四个认知要求层次的分布情况有所差异。所有课标在"理解"和"掌握"这两个认知要求层次都有相应的知识点，而在"了解"和"灵活运用"层次不是所有课标都有要求。首先，注重"了解"层次认知要求有加拿大、法国（理科）、法国（文科）、韩国、中国课标，日本课标中没有"了解"层次的知识点。其次，注重"理解"层次认知要求的有澳大利亚、芬兰、德国、日本、英国、美国课标。再者，注重"掌握"层次认知要求的有荷兰和南非课标。最后，注重"灵活运用"层次认知要求的课标几乎没有。

三、课标和知识点存在聚类差异

对课标进行聚类分析，考察哪些课标的函数设置比较类似。类平均法建议分成三类：第一类为日本、法国（文科）、法国（理科）、德国、英国、芬兰、加拿大，第二类为南非、荷兰，第三类为中国、韩国、美国、澳大利亚；离差平方和法建议分成四类：第一类为南非、荷兰，第二类为中国、美国、澳大利亚，第三类为日本、德国、英国、芬兰，第四类为法国（文科）、法国（理科）、韩国、加拿大。课标的分类反映了各国不同的教育理念和教育目标。

对知识点进行聚类分析，考察对受重视程度类似的知识点归类。在最受重视的知识点里，我国课标均有，而且实数指数幂、指数函数的图像、对数函数的图像、反函数的概念、任意角、弧度制、$y = A\sin(ax + c)$，只要求"了解"即可。在最不受重视的知识点中，我国理科课标有映射的概念、区间、函数的性质（奇偶性、周期性、有界性）、函数的零点、函数模型的应用、反函数的定义域和值域、反三角函数。知识点的分类反映了各课标的不同侧重点。

四、各课标中函数内容的发展主线基本相同,但函数定义的引入方式存在差异

一方面,各课标中函数内容的发展主线基本相同,大体上都是定义→性质→基本初等函数。各国在安排基本初等函数的学习顺序上有所不同,有些国家(加拿大、芬兰、德国、日本、韩国、荷兰、英国、美国)先学习指数函数、对数函数再学习三角函数,另一些国家(澳大利亚、法国、俄罗斯、南非、印度)则先学习三角函数再学习指数函数、对数函数。另一方面,各课标中函数定义的引入方式有差异。比如,澳大利亚课标是基于"映射"来阐述函数的概念;美国课标则定义函数是从定义域到值域的一种关系;中国课标上利用集合语言定义函数;南非课标在 11 年级和 12 年级分别对函数的概念进行描述,从简单到复杂,让学生容易接受;印度课标是基于关系直接给出函数的概念,表述较简单。

五、各课标对幂函数、指数函数、对数函数和三角函数的内容设置均不同

首先,幂函数这部分内容,除澳大利亚、芬兰、荷兰、英国、中国课标提及"幂函数"以外,有些国家课标并没有提到幂函数,如加拿大、印度、俄罗斯、新加坡、南非、德国。有些国家则以其他函数形式代替:法国课标以多项式函数出现;日本课标没有专门的幂函数概念,则是以分式函数、无理函数形式出现,而且三角函数安排在指对数函数之前;韩国课标也是以无理函数形式出现;美国课标以根式函数出现。对于幂函数的处理,一直存在着争议,中国课标之前删除了幂函数的内容,现在又把这部分的内容加回来。像法国、日本、韩国、美国课标用其他函数形式代替幂函数,这样处理的好处不仅在于具体实用,便于数学模型的建立,而且与高等数学联系紧密,这一点值得我们借鉴。

其次,指数函数和对数函数部分的概念原理无论在表述上还是数量上,各国都不尽相同。除芬兰课标是单独讲解指数函数和对数函数以外,大部分国家课标都是先讲指数函数,然后利用反函数或互逆关系来引出对数函数,这样使得对数函数的学习变得容易了。其中,法国课标在指对数函数上的原理又广又深,涉及指数函数的趋势(当 $x \to 0$ 时自然对数运算等),还有差分、复合函数和导数等。还有一些国家注重和生活情境相联系,如德国、荷兰课标。英国课标在名称上有所不同,以"指数型函数"名称出现。美国课标强调利用指对数函数进行建模。

　　再次,三角函数,除新加坡和德国课标不学习三角函数以外,印度、日本、韩国、英国、俄罗斯课标只是说明"理解"三角函数。加拿大、中国、法国、芬兰课标利用弧度制和单位圆定义三角函数,美国课标在此基础上强调了利用三角函数建模周期现象。南非课标仅讲解了三角函数在直角三角形中的定义,还要求通过构建三角函数模型来解决二维与三维空间的问题。荷兰课标利用振动模型、简谐运动等具体例子理解周期现象,进而理解正弦与余弦函数。澳大利亚课标对三角函数的研究首先介绍单位圆、角度值、三角形中的三角函数及其应用,然后介绍弧度制、三角函数的图像及其在不同情境中的应用。

第四章 / 高中数学"方程与不等式"内容的国际比较与分析

本章针对"方程与不等式"内容,选择了遍布五大洲的中国、新加坡、韩国、日本、澳大利亚、荷兰、法国、美国和南非等9个国家的高中数学课程标准,进行定量分析和定性分析。定性分析主要涉及"方程与不等式"在各国课标中的位置和篇幅及其知识模块和知识点,知识分布的发展主线比较,方程和不等式方面的拓展内容等;定量分析主要是进行了各课标中的知识广度和深度比较研究以及知识分布的二维编码比较研究。最后,得到的研究结论有:儒家文化圈对代数基础较为重视,各国课标重视方程及其基础模块的知识,中美涉及较难的圆锥曲线方程知识;得到的启示有:设置"方程与不等式"章节内容,设置高等数学相关的方程拓展内容。

第一节 研究概述

我国《普通高中数学课程标准(实验)》指出:数学是研究空间形式和数量关系的科学,是刻画自然规律和社会规律的科学语言和有效工具[1]。现实世界中的量,有两个基本关系:相等关系和不等关系。相等关系则是局部的、相对存在的,不等关系是普遍的、绝对存在的。相等关系与不等关系都是客观事物的基本数量关系,都是数学研究的重要内容。

本节将对研究的具体问题、对象、概念界定与研究方法等内容,进行详细论述。

---

〔1〕 中华人民共和国教育部.普通高中数学课程标准(实验)[S].北京:人民教育出版社,2003.

一、研究问题

在中学数学课程中,因课标和教科书都没有专门拟出方程与不等式的衔接内容,一线教学(尤其是重点高中)大部分都是专门准备了含有方程与不等式内容作为初高中衔接的课程学习内容。方程与不等式内容是我国中学数学课程的重要内容,那在世界其他国家的课标中又有着怎样的重视程度? 具体到各国课标的方程与不等式内容的知识广度和深度上,各国又有着怎样的知识广度和深度的差异? 哪几个国家的相关知识广度和深度比较突出,又有哪些值得借鉴的内容? 具体到各国课标的方程与不等式内容的知识分布上,各国又有着怎样的知识分布差异呢? 哪几个国家的知识分布比较突出,又有哪些值得借鉴的内容?

二、研究对象、概念界定和研究方法

(一) 研究样本的选取

本章选取中国、新加坡、韩国、日本、澳大利亚、荷兰、法国、美国和南非等国的高中数学课标进行比较研究。

介于后续知识广度、深度和分布等研究,需要先对课标相关知识内容的位置先进行一定的了解,所以研究先对各国课标的"方程与不等式"知识的内容位置进行了统计,具体如表4-1所示。

表4-1 各课标"方程与不等式"内容位置

国 别	方 程	不 等 式
中 国	必修1 2.5 函数与方程; 必修2 2 平面解析几何初步; 选修1-1 2. 圆锥曲线与方程(3)(4); 选修2-1 2. 圆锥曲线与方程(1)(2); 选修2-1 说明与建议4; 选修4-3 数列与差分2; 选修4-4 坐标系与参数方程2	必修5 3. 不等式; 必修5 说明与建议4-6; 必修5 例2-4; 选修4-5 不等式选讲
新加坡	H1 1.2 方程与不等式1-2,6-7; H1 2.1 微分8; H2 1.2 画图技巧4,7; H2 1.3 方程与不等式3-4; H2 5.1 微分5; H3 3 微分方程模型	H1 1.2 方程与不等式3-5; H2 1.3 方程与不等式1-2

(续 表)

国别	方　　　程	不　等　式
韩国	基础数学 2 方程与函数； 数学Ⅰ 2 方程与不等式 1-3； 数学Ⅰ 3 图形的方程 2-3； 微积分Ⅰ 3.3 导函数的应用 1,5； 微积分Ⅱ 3.2 导函数的应用 1,3； 几何与向量 1 平面曲线； 高级数学Ⅰ 1.2 矩阵与一次方程组 2,5； 高级数学Ⅱ 1.1 极坐标方程 2.2 微分方程	基础数学 2 方程与函数； 数学Ⅰ 2 方程与不等式 4； 数学Ⅰ 3 图形的方程 4； 微积分Ⅰ 3.3 导函数的应用 5； 微积分Ⅱ 3.2 导函数的应用 3
日本	数学Ⅰ 3.2.2 二次方程和不等式； 数学Ⅱ 1.2 高次方程； 数学Ⅱ 1.3 图形与方程 1.2； 数学Ⅲ 1 平面曲线与复平面； 数学Ⅲ 3.2 导数的应用； 数学 A 2 整数性质 2-3	数学Ⅰ 1.2.2 一次不等式； 数学Ⅰ 3.2.2 二次方程和不等式； 数学Ⅱ 1.1.2 等式与不等式的证明； 数学Ⅱ 1.3 图形与方程 2
澳大利亚	普数 单元 2　3 线性方程（组）及其图像； 数方 单元 1　1 函数与图像 1.2,1.4； 专数 单元 2　3.6 方程的根； 专数 单元 3　3.2 向量与笛卡尔方程； 专数 单元 3　3.3 线性方程组； 专数 单元 4　2 变化率与微分方程	无
荷兰	VWO-A Bg2 函数、方程和不等式等 4； VWO-A Cg 离散分析 6-9； VWO-B Bg2 函数、方程和不等式等 5,6； VWO-B Cg 离散分析 5-8； VWO-B Db 三角函数 9； VWO-C Bg2 函数、方程和不等式等 4； VWO-C Cg 离散分析 6-9； HAVO-B E1 函数与图像 8-10； HAVO-B E2 方程与不等式 1-4,7	VWO-A Bg2 函数、方程和不等式等 7； VWO-B Bg2 函数、方程和不等式等 9； VWO-C Bg2 函数、方程和不等式等 7； HAVO-A E2 线性关系 7； HAVO-B E2 方程与不等式 6-7
法国	高一 1 函数 1.4 方程； 高一 2 几何 2.3 直线 2； 高二理 1 分析 2.1 二次函数 2； 高二理 2 几何 2.1 平面几何 3； 高二文 1 代数与分析 2.1 二次函数 2； 高三理 2 几何 1 复数 3； 高三理 2 几何 2 立体几何 3.4； 高三文 1 分析 4 对数函数	高一 1 函数 1.7 不等式
美国	1 数与量 3 复数系 3； 2 代数 3 列方程； 2 代数 4 等式与不等式的推理 1-4； 4 建模 5 三角函数 7； 5 几何 4 用方程表几何性质 1	2 代数 2.4 等式与不等式的推理 2,4

69

（续　表）

国　别	方　　程	不　等　式
南　非	4代数4方程（包括不等式）； 9解析几何12年级"圆的方程"； 10年级"方程与不等式"1-5,7； 11年级"代数表达式"； 11年级"方程与不等式"1,3； 11年级"数与模式"； 12年级"解析几何"	4代数4.4方程（包括不等式）； 10年级"方程与不等式"6； 11年级"方程与不等式"2

注："选修2-1　说明与建议4"中的"4"表示第4点内容,其他类似。

（二）概念界定和研究方法

　　基于以上研究样本,主要进行定量分析,并辅以一定的定性分析。定量分析借鉴曹一鸣和吴立宝等相关研究[1],主要包括"方程与不等式"的知识广度和知识深度（界定参见第三章）。同时,在内容编码统计上,则借鉴了相关研究[2]中的内容分析法操作,对相关内容进行量化的编码统计分析,而且也进行了国家和知识维度下的具体编码比较。定性分析主要涉及"方程与不等式"在课标中的位置及其知识模块和知识点,知识发展主线比较,各国方程和不等式方面的拓展内容等。其中,内容分析法是一种从文本（或者其他意义体）到它们使用环境进行可重复、有效推论的研究方法[3],是客观地、系统地、定量地描述显性传播内容的一种研究方法[4]。其一般过程包括建立研究目标、确定研究总体和选择分析单位、设计分析维度体系、抽样和量化分析材料、进行评判编码记录和分析推论等六部分,编码记录过程一般需要二位及以上人员完成。其研究目标类型有趋势分析、现状分析、比较分析和意向分析,本研究主要采用其中的比较分析目标类型,而且两位编码员的编码也采用了一致性系数和斯皮尔曼秩相关系数（Spearman Rank Correlation,检验带有等级属性的认知水平编码）来进行检验。

[1] 曹一鸣,吴立宝. 初中数学教科书难易程度的国际比较研究[J]. 数学教育学报,2015,24(4)：7-11.
[2] 陆吉健. 高中数学课程标准内容综合评价与国际比较研究[D]. 金华：浙江师范大学,2016.
[3] Krippendorff, K. Content analysis：An introduction to its methodology[M]. 2nd ed. Thousand Oaks：Sage Publieations, 2004.
[4] Berelson, B. Content analysis in communication research[M]. New York：Free Press, 1952.

第二节　知识广度的国际比较与分析

知识广度的国际比较与分析,首先进行了广度基准"知识点"的编码统计确定,其次对各国课标中方程和不等式的知识点数量进行编码统计,再次按照研究方法中介绍过的方法计算得到知识广度。

一、广度基准"知识点"的确定

广度基准知识点的确定方面,为了做到客观公平,尽可能选择最小的知识点,比如一元二次方程这一知识点,为了考察得比较详细,专门列出了一元二次方程及其求解和求根公式,一元二次方程根的存在性及其个数(判别式),一元二次方程的实根和虚根,一元二次方程的最值求解等。综合考察这 9 个国家的课标的知识内容,进行编码统计和汇总,两位编码员的首轮一致性系数为 0.933(符合要求)。方程部分大的知识模块分为 3 个:方程基础、方程提高和方程拓展,知识模块下又分为 14 个专题:一元方程、方程组与二元方程、方程基础拓展、函数与方程、直线与方程、圆锥曲线与方程、向量与方程、数列与方程、三角函数与方程、矩阵与方程、差分方程、参数方程、微分方程和笛卡尔方程等,共有知识点 97 个,详见表 4-2;不等式部分稍大的知识模块分为 3 个:不等式基础、不等式提高、不等式拓展等,共有知识点 35 个,详见表 4-3。

表 4-2　课标国际比较视角下的"方程"知识点汇总

知识模块	知识专题	知　　识　　点
1 方程基础	1.1 一元方程	一元一次方程及其求解,一元二次方程及其求解和求根公式,一元二次方程根的存在性及其个数(判别式),一元二次方程的实根和虚根,一元二次方程的最值求解,一元三次和四次方程
	1.2 方程组与二元方程	(换元法)求方程组的解,问题情境中建立方程和方程组,图形计算器求解方程和方程组,二元一次不定方程
	1.3 方程基础拓展	二分法求方程近似解,根式方程,文字方程,极坐标方程

知识模块	知识专题	知　识　点
2 方程提高	2.1 函数与方程	函数零点与方程根的关系,一元二次方程与二次函数的关系,解幂方程、指数方程、对数方程
	2.2 直线与方程	点斜式、两点式和一般式直线方程,用方程考察两直线的位置关系,解方程组方法求解两直线交点坐标
	2.3 圆锥曲线与方程	圆的标准方程与一般方程,利用方程判断直线与圆、圆与圆位置关系,利用方程求直线与圆的交点,椭圆标准方程、抛物线标准方程、双曲线标准方程、渐近线方程、切线方程、曲线与方程的对应关系、圆锥曲线的统一方程
3 方程拓展	3.1 向量与方程（韩国、澳大利亚）	韩国:向量方程,球方程及其求解,利用空间向量求直线、平面和球方程;澳大利亚:直线、线段和曲线向量方程,球方程,物体等、变加速度直线运动的轨迹方程
	3.2 数列与方程（南非）	南非:数与模式(常数使得产生稳定变化的数列模式就是一个一元二次方程)
	3.3 三角函数与方程（美国）	美国:利用递函数来求解三角方程(有模型情境),利用信息技术来估计解,并在情境中理解
	3.4 矩阵与方程（韩国、美国）	韩国:矩阵求解三个及以下未知量的方程组,高斯消元法解方程组,克拉默规则解一次方程组;美国:将方程组表示为一个向量变量的矩阵方程,利用矩阵的逆求解线性方程组(利用三维矩阵或高斯矩阵)
	3.5 差分方程（中国、荷兰）	中国:一阶线性差分方程及其齐次方程、通解公式、特解,二元一阶线性差分方程组及其齐次方程组、通解公式、特解、迭代求法、算法框图、变化趋势,特殊差分方程;荷兰:利用差分方程描述和比较函数的变化(平均变化间隔和某段弦的斜率),利用差分方程近似计算函数图像某点梯度
	3.6 参数方程	抛物运动参数方程,直线、圆和圆锥曲线的参数方程,三角函数参数方程
	3.7 微分方程（新加坡、韩国、澳大利亚）	新加坡:一阶、二阶微分方程及其分析解、特解、通解、相位线、倾斜领域、草图方案曲线,欧拉方法求解一阶微分方程的数值解,人口的数学模型,弹簧震动;韩国:微分方程;澳大利亚:分离变量法求解微分方程,一阶微分方程的斜率,逻辑斯谛(logistic)方程(即常微分方程)
	3.8 笛卡尔方程（澳大利亚、法国）	澳大利亚:笛卡尔方程;法国:笛卡尔直线方程及其共线条件、点和法向量下的确定方法、向量分解、方向系数和斜率之间的关系

表4-3　课标国际比较视角下的"不等式"知识点汇总

知 识 模 块	知　　识　　点
不等式基础	不等关系(不等式),利用不等式基本性质和实数性质证明不等式,解一元一次不等式,用区间表示法表示一元一次不等式的解,解一元一次不等式组,解含绝对组的一元一次不等式,实际情境中抽象出(一元二次)不等式,用二次不等式表示数量关系,一元二次不等式与对应函数和方程的联系,解一元二次不等式,解一元二次不等式组,图形法解不等式,几种证明不等式的基本方法
不等式提高(中国、韩国、日本和荷兰)	探索并了解基本不等式的证明过程,会用(基本)不等式解决简单的最值问题,实际情境中抽象出二元一次不等式组,利用绝对值不等式的几何意义进行其他不等式的求解,利用绝对值不等式的几何意义进行其他不等式的证明,二元一次不等式的几何意义,二元一次不等式的平面表示,实际情境中抽象出一些简单的二元线性规划问题,解决简单的二元线性规划问题,设计一元二次不等式的程序框图,一元三次不等式,一元四次不等式,不等式解集,解二元一次方程组
不等式拓展(中国和韩国)	中国:柯西不等式的几种不同形式,理解几种柯西不等式的几何意义,证明几种柯西不等式,参数配方法讨论柯西不等式,用向量递归方法讨论排序不等式,会用数学归纳法证明贝努利不等式,能够利用平均值不等式和柯西不等式求一些特定函数的极值等;韩国:不等式中的导数应用

二、知识广度的总体比较

知识广度的总体比较,中国和韩国课标在方程和不等式内容的广度上,均明显高于其他国家。其中,方程内容上,韩国、中国和新加坡课标分列前三位,法国、南非和荷兰课标则分列后三位;不等式内容上,中国、韩国和日本课标分列前三位,其他国家课标均只有很少的不等式内容,澳大利亚课标甚至没有不等式的内容。

对各国课标中方程和不等式的知识点数量进行统计,按照研究方法进行数据的无量纲化处理,得到知识广度,具体详见表4-4和表4-5。

表4-4　9个国家课标中方程相关内容的知识点数量和知识广度

国　　别	中国	新加坡	韩国	日本	澳大利亚	荷兰	法国	美国	南非
知识点数量	30	25	32	19	22	14	16	23	15
知识广度	0.94	0.78	1.00	0.59	0.69	0.44	0.50	0.72	0.47

从表4-4中还能看出,方程内容上,各国课标知识广度的差异不是很大。最

少的荷兰课标广度为 0.44，而且荷兰、南非和法国的课标广度比较接近。各国课标中方程相关的知识广度的具体直观差异，则可详见图 4-1。

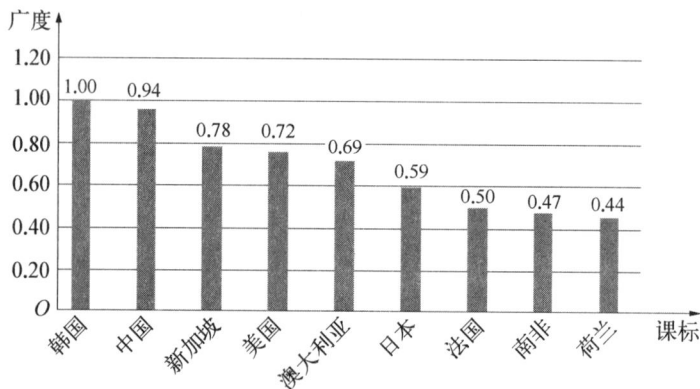

广度

图 4-1　9个国家课标中方程相关内容的知识广度排名

相对于方程内容，不等式内容上，各国课标的知识点内容明显少了很多，相对而言，中国课标的不等式内容还比较多。其次是韩国和日本课标，这两个课标的广度是 0.5 左右了，其他国家课标的广度则都是 0.2 以下了，知识点数量都不超过 4 个。其中，澳大利亚没有不等式的内容，具体详见表 4-5（考虑到大部分国家知识点数量较少，知识广度差异也比较明显，故而不再绘制知识广度排名图）。

表 4-5　9个国家课标中不等式相关内容的知识点数量和知识广度

国　　别	中国	新加坡	韩国	日本	澳大利亚	荷兰	法国	美国	南非
知识点数量	22	2	12	9	0	2	4	3	4
知识广度	1.00	0.09	0.55	0.41	0.00	0.09	0.18	0.14	0.18

第三节　知识深度的国际比较与分析

"方程与不等式"的知识深度研究，先确定编码参考表，其次由培训后的两位编码员进行具体认知层次的编码统计。具体的研究包括知识深度的总体比较与分析、认知层次分布的比较与分析等。

一、认知层次编码的参照表和示例

内容分析法中的内容编码环节,需要对两位及以上编码员进行编码培训。编码培训主要根据已确定的编码参考表进行操作性的培训。而编码参考表中的核心内容就是行为动词参照表和认知层次编码的示例。其中的行为动词参照表,是基于我国课标所涉及的行为动词,并结合其他国家课标所涉及的行为动词,具体详见表4-6。

表4-6　9个国家课标"方程与不等式"内容认知层次界定行为动词参照表

认知层次	赋值	目　　标
了解层次	1	了解、认识、初步讨论、知道、描述、比较、识别、引入等
理解层次	2	判断、求、体会、理解、写出、计算、使用、能解、求解、阐明、估计、表示、经历、抽象出、讨论、解释、寻找、列出、绘制、确定等
掌握层次	3	掌握、会用、设计、探索、修订、必须知道、证明等
灵活运用层次	4	探索并掌握、解决、灵活运用等

四个认知层次编码的示例内容则是参考2011年及之后公布课标的韩国、新加坡、荷兰、南非和澳大利亚等5个国家的课标内容(也是比较有特点的内容)进行编写的。

了解层次:如韩国基础数学课标第2部分方程与函数中的"知道一元一次方程的含义",荷兰VWO-A数学课标中Cg1中的"利用差分方程描述和比较函数的变化"。

理解层次:如新加坡H1水平数学课标中1.2方程与不等式中的"利用图形计算器求方程的数值解",南非数学课标中10年级第一学期方程与不等式中的"解文字方程(改变公式中的一个主题)"。

掌握层次:如澳大利亚专业数学课标中第3单元主题3空间向量的线性方程组中的"探索三元线性方程组的几何意义"。

灵活运用层次:荷兰VWO-B数学课标中Bg2中的"能运用数值、图像和初等代数的方法解决方程问题"。

二、知识深度的总体比较与分析

知识深度的总体比较上,日本课标在方程和不等式内容的深度均明显高于其他国家课标。其中,方程内容上,日本课标明显较高,中国和澳大利亚课标分列第二、第三位,法国、南非和韩国课标则分列后三位;不等式内容上,日本和南非课标明显较高,而韩国课标明显较低,没有不等式内容的澳大利亚课标外的其他课标则基本上稳定在认知层次2左右。

如前所述,统计各国课标中关于方程和不等式部分的深度需要知道该课标中对每个知识点要求学生掌握的程度。各课标中方程部分的深度编码汇总结果,如表4-7(考虑到知识深度的有效性,受到知识点数量的影响,故而将知识点数量也再次进行罗列;同时也将知识广度进行罗列,以进行比较分析)。其中,两位编码员在方程和不等式相关知识认知水平上的首轮编码斯皮尔曼秩相关系数为0.922(符合要求)。

表4-7 9个国家课标中方程相关内容的知识深度

国　别	中国	新加坡	韩国	日本	澳大利亚	荷兰	法国	美国	南非
知识点数量	30	25	32	19	22	14	16	23	15
知识广度	0.94	0.78	1.00	0.59	0.69	0.44	0.50	0.72	0.47
知识深度	2.07	1.92	1.66	2.37	1.96	1.86	1.69	1.78	1.67

从表4-7中还能看出,方程内容上,各国课标知识深度还是有一定差异的。最低知识深度的是韩国课标1.66、最高知识深度的是日本课标2.37,相差较多。倒数的韩国、南非和法国课标的深度基本上差不多。各国课标中方程相关的知识深度的具体直观差异,则可详见图4-2。

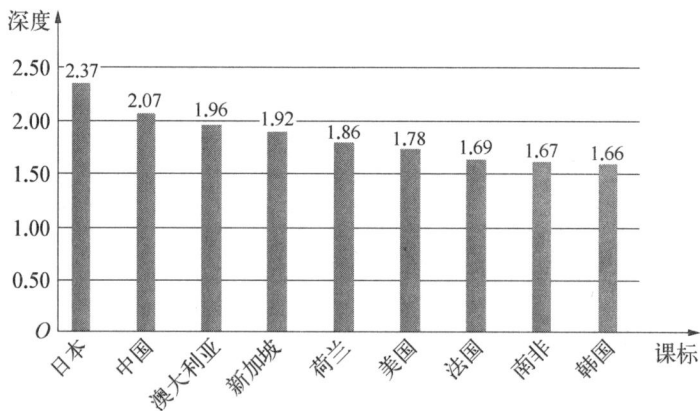

图4-2 9个国家课标中方程相关内容的知识深度排名

相对于方程内容,不等式内容上,各国课标知识深度的差异明显小很多。日本课标的知识深度还是最高(为2.33),韩国课标的知识深度还是最低(为1.83),但南非课标在这一内容上的知识深度却也是紧随日本课标之后(为 2.25)。其他国家课标的知识深度(包括中国课标),则基本上稳定在 2 左右,具体如表 4-8 所示(考虑到大部分国家知识点数量较少,知识深度差异也比较明显,故不再绘制知识深度排名图)。

表 4-8 9 个国家课标中不等式相关内容的知识深度

国 别	中国	新加坡	韩国	日本	澳大利亚	荷兰	法国	美国	南非
知识点数量	22	2	12	9	0	2	4	3	4
知识广度	1.00	0.09	0.55	0.41	0.00	0.09	0.18	0.14	0.18
知识深度	2.05	2.00	1.83	2.33	0.00	2.00	2.00	2.00	2.25

三、认知层次分布的比较与分析

认知层次分布的比较能在知识深度比较基础上,揭示各国课标知识深度的进一步特征。各国课标在方程上的知识点数量,也足够进行知识层次分布的进一步比例挖掘,以下就各国课标在方程上的认知层次分布进行统计分析,具体如表 4-9 所示。

表 4-9 9 个国家课标中方程相关内容不同认知层次的知识点数量分布

国 别	中国	新加坡	韩国	日本	澳大利亚	荷兰	法国	美国	南非	总量
了解层次	10	7	7	0	4	4	5	5	5	47
理解层次	13	17	25	15	16	9	11	18	10	134
掌握层次	2	1	0	1	1	0	0	0	0	5
灵活运用层次	5	0	0	3	1	1	0	0	0	10
知识点总数	30	25	32	19	22	14	16	23	15	196

在表 4-9 中,从认知维度能够看出各国课标在不同认知层次上方程内容有一定差异。我国课标在"了解"层次和"理解"层次上的知识点数量相差不大,"掌握"层次的知识点数量明显偏少;日本课标在"了解"层次上的知识点一个都没有,整体要求较高;澳大利亚、新加坡和荷兰等国家课标在"掌握"和"灵活运用"层次的知识点则明显太少,韩国、法国、美国和南非课标没有"掌握"和"灵活运用"层次的知识点。各国课标中方程相关的知识认知层次分布的具体直观差异,见图 4-3。

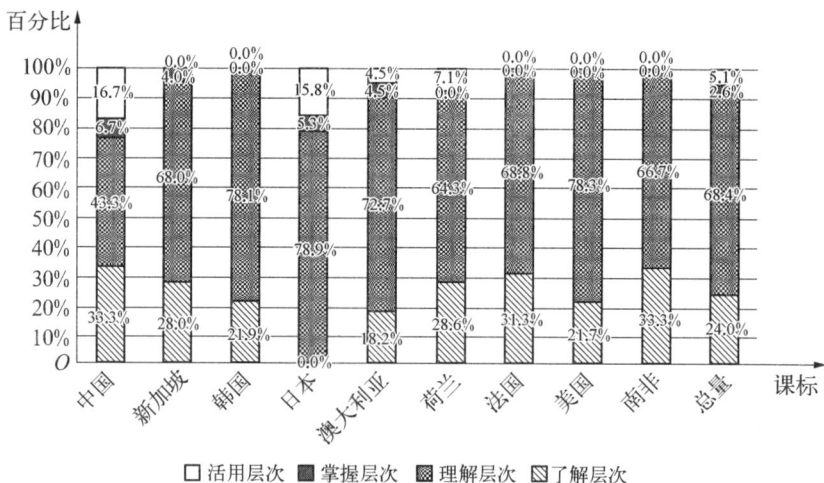

图 4 - 3　9 个国家课标中方程相关内容不同认知层次的知识点比例分布

第四节　知识分布的国际比较与分析

　　"方程与不等式"的知识分布研究,首先进行国家和知识点维度下的具体编码比较,然后进行各国知识的发展主线比较,最后对各国方程与不等式方面的拓展知识进行研究。知识内容的发展主线其实可以认为是各国知识的宏观分布,而拓展知识则可以认为是各国知识的在拓展上的微观分布。

一、国家和知识点维度下的具体编码比较

　　国家和知识点维度下的具体编码比较,主要利用各国课标中有无对应知识点的二维编码表格来进行呈现。其中,个别课标所具有的知识点将放在后面内容中进行分析,方程基础相关知识点分布的二维编码,具体如表 4 - 10 所示;方程提高相关知识点分布的二维编码,具体如表 4 - 11 所示;不等式基础相关知识点分布的二维编码,具体如表 4 - 12 所示。

　　在表 4 - 10 中,从国家和知识点两个维度,能够看出各国课标和不同知识点在方程基础上有着较大的差异。在国家维度下,我国课标在方程基础上涉及的知识点很少,而且涉及的 2 个知识点还是比较难的"一元二次方程根的存在性及其个数(判别式)"和"二分法求方程近似解";美国、韩国和南非课标涉及的知识点相对而

表 4-10　9 个国家课标中方程基础相关知识点分布的编码比较

知识点 ＼ 国别	中国	新加坡	韩国	日本	澳大利亚	荷兰	法国	美国	南非	频次
一元一次方程	0	0	1	0	1	1	1	1	0	5
一元二次方程	0	0	1	0	1	1	0	1	1	5
一元一次方程的求解	0	0	1	0	1	1	0	1	1	5
一元二次方程的求解	0	1	1	0	1	1	0	0	1	5
一元二次方程的求根公式	0	1	1	0	0	1	0	0	1	4
一元二次方程根的存在性及其个数（判别式）	1	1	1	1	1	0	1	1	0	7
一元二次方程的实根和虚根	0	0	1	1	0	0	1	0	1	4
一元二次方程的最值求解	0	0	0	0	0	0	0	0	1	1
一元三次方程	0	0	1	1	0	0	0	0	0	2
一元四次方程	0	0	1	1	0	0	0	0	0	2
（换元法）求方程组的解	0	1	1	0	1	1	1	0	1	6
问题情境中建立方程并求解	0	1	0	0	1	0	1	1	1	5
问题情境中建立方程组并求解	0	1	0	0	1	1	0	1	1	5
图形计算器求解方程	0	0	0	0	0	0	1	1	0	2
图形计算器求解方程组	0	0	0	0	0	0	1	1	0	2
二元一次不定方程	0	0	0	1	1	0	0	0	1	3
二分法求方程近似解	1	0	0	0	0	0	0	1	0	2
根式方程	0	0	0	0	0	0	0	1	1	2
极坐标方程	0	0	1	1	0	0	0	0	0	2
文字方程	0	0	0	0	0	0	0	0	1	1
知识点数量总计	2	6	11	6	9	7	7	10	12	

注：数字"1"表示某课标中有该知识点，"0"表示没有。表 4-11、表 4-12 同理。

言比较多,都是 10～12 个知识点,明显比其他国家课标要多。

知识点维度上,5 个及以上国家的课标都涉及的知识点有：一元一次方程及其求解、一元二次方程及其求解、一元二次方程根的存在性及其个数（判别式）、（换元法）求方程组的解、问题情境中建立方程和方程组等；2 个及以下国家的课标都涉及的知识点有：一元二次方程的最值求解、一元三次方程、一元四次方程、图形计算器求解方程和方程组、二分法求方程近似解、根式方程、极坐标方程、文字方程等。

在表 4-11 中,从国家和知识点两个维度,能够看出各国课标和不同知识点在方程提高上也有着较大的差异。在国家维度下,我国课标在方程提高上涉及的知

表 4-11 9个国家课标中方程提高相关知识点分布的编码比较

国 别 知 识 点	中国	新加坡	韩国	日本	澳大利亚	荷兰	法国	美国	南非	频次
函数零点与方程根的关系	1	0	0	0	0	0	0	1	0	2
一元二次方程与二次函数的关系	0	0	1	1	1	0	0	0	0	3
解幂方程	0	0	0	0	0	1	1	0	0	2
解指数方程	0	0	0	0	0	1	1	1	1	4
解对数方程	0	0	0	0	0	1	0	0	0	1
点斜式直线方程	1	0	1	1	0	1	0	0	0	5
两点式直线方程	1	0	1	1	0	0	0	0	0	3
一般式直线方程	1	0	1	1	0	0	0	0	0	3
用方程考察两直线的位置关系	0	0	0	1	1	0	1	0	0	3
解方程组方法求解两直线交点坐标	1	0	0	0	1	0	0	0	0	2
圆的标准方程	1	1	1	1	0	0	0	1	1	6
圆的一般方程	1	0	1	1	0	0	0	0	0	3
利用方程判断直线与圆位置关系	1	0	0	1	0	0	0	0	0	2
利用方程求直线与圆的交点	0	0	0	0	0	0	0	1	0	1
利用方程判断圆与圆位置关系	1	0	0	0	0	0	0	0	0	1
椭圆标准方程	1	1	1	1	0	0	0	1	0	5
抛物线标准方程	1	1	1	1	0	0	0	1	0	5
双曲线标准方程	1	1	1	1	0	0	0	1	0	5
渐近线方程	0	0	1	0	0	0	0	0	0	1
切线方程	0	1	1	1	0	0	0	0	1	4
曲线与方程的对应关系	1	0	0	0	0	0	0	1	0	2
圆锥曲线的统一方程	1	0	0	0	0	0	0	0	0	1
知识点数量总计	14	6	10	12	4	3	4	8	3	

识点是最多的,其次则是日本和韩国课标,都是亚洲国家;澳大利亚、法国、荷兰和南非课标涉及的知识点则比较少,不足我国知识点的三分之一。

在知识点维度上,5个及以上国家的课标都涉及的知识点有:点斜式直线方程、圆的标准方程、椭圆标准方程、抛物线标准方程、双曲线标准方程;仅1个国家的课标涉及的知识点有:解对数方程、利用方程求直线与圆的交点、利用方程判断圆与圆位置关系、渐近线方程、圆锥曲线的统一方程。

表 4-12　9 个国家课标中不等式基础相关知识点分布的编码比较

知识点 ＼ 国别	中国	新加坡	韩国	日本	澳大利亚	荷兰	法国	美国	南非	频次
不等关系(不等式)	1	0	1	1	0	0	0	0	0	3
利用不等式基本性质和实数性质证明不等式	0	0	0	1	0	0	0	0	0	1
解一元一次不等式	0	0	0	1	1	0	1	1	1	5
用区间表示法表示一元一次不等式的解	0	0	0	1	0	0	0	0	0	1
解一元一次不等式组	0	0	0	1	0	0	0	0	1	2
解含绝对组的一元一次不等式	0	0	0	1	0	0	0	0	0	1
实际情境中抽象出(一元二次)不等式	1	0	0	0	0	0	1	0	0	2
用二次不等式表示数量关系	0	0	0	1	0	0	0	0	0	1
一元二次不等式与对应函数、方程的联系	1	0	1	1	0	0	0	0	0	3
解一元二次不等式	1	1	1	1	0	0	0	1	1	6
解一元二次不等式组	0	0	0	1	0	0	0	0	0	1
图形法解不等式	0	1	0	0	0	1	1	1	1	6
几种证明不等式的基本方法	1	0	0	0	0	0	0	0	0	1
知识点数量总计	5	2	7	7	0	1	4	3	4	

在表 4-12 中,从国家和知识点两个维度,能够看出各国课标和不同知识点在不等式基础上的知识点数量不多。在国家维度下,日本和韩国课标在不等式基础上涉及的知识点是最多的,中国课标随在之后,新加坡和荷兰课标涉及的知识点则比较少,澳大利亚课标没有涉及。

知识点维度上,5 个及以上国家的课标都涉及的知识点有:解一元一次不等式、解一元二次不等式、图形法解不等式;仅 1 个国家的课标涉及的知识点有:利用不等式基本性质和实数性质证明不等式、用区间表示法表示一元一次不等式的解、解含绝对组的一元一次不等式、用二次不等式表示数量关系、解一元二次不等式组、几种证明不等式的基本方法。

二、知识的发展主线比较

以上各国课标知识点分布的编码比较,主要还是基于整理的知识点顺序进行的二维编码,能看出各国是否具有相关的知识点,但却看不出各国课标对应知识点的宏观发展主线。对 9 个国家课标中方程与不等式知识的发展主线进行提炼和归纳,具体如表 4-13 所示。

表 4-13　9 个国家课标中方程与不等式知识的发展主线

国　别	方程与不等式知识的发展主线
中　国	必修内容:一元二次方程→直线方程→圆的方程→一元二次不等式; 选修内容:椭圆方程→抛物线方程→双曲线方程→差分方程→参数方程→不等式选讲
新加坡	H1 水平:二次方程(组)→二次不等式→曲线的切线和标准方程; H2 水平:渐近线方程→参数方程→分式不等式→线性方程(组)→曲线的切线和标准方程; H3 水平:微分方程
韩　国	基础数学:一元一次方程(不等式)→一元一次方程组(不等式组)→一元二次方程; 数学Ⅰ:一元二次方程→一元三次(四次)方程→二元(三元)方程组→含绝对值的一元一次不等式→一元二次不等式(组)→不等式解集; 微积分Ⅰ和Ⅱ:导数求切线方程→将导数应用于方程式与不等式; 几何与向量:抛物线方程→椭圆方程→双曲线方程→通过隐函数微分和参数方程求切线方程; 高等数学Ⅰ:矩阵表示三元以下方程组→高斯消元法解方程→运用克拉默法则解一次方程组; 高等数学Ⅱ:极坐标方程→微分方程
日　本	数学Ⅰ:一次不等式→二次方程→二次不等式; 数学Ⅱ:不等式的证明→二次方程→直线方程→圆的方程→不等式表示的区域; 数学Ⅲ:抛物线方程→椭圆方程→双曲线方程→参数方程→极坐标方程→导数求切线方程; 数学 A:一次不定方程
澳大利亚	普通数学:线性方程→直线方程→线性方程组→两直线交点坐标求解; 数学方法:直线方程→线性方程→一元二次方程; 专业数学:二次方程→含参数的曲线向量方程→直线和线段的向量方程→笛卡尔方程→(多元)线性方程组→等,变加速度的直线运动轨迹方程
荷　兰	VWO-A(VWO-C):数值、图像和初等代数解决方程问题→函数图像解不等式→差分方程; VWO-B:数值、图像和初等代数解决方程问题→函数图像解不等式→差分方程→参数方程; HAVO-A:一次方程→一次不等式; HAVO-B:幂方程→对数方程→指数方程→二元一次方程组→一元二次方程(组)→不等式(组)

（续　表）

国　别	方程与不等式知识的发展主线
法　国	高一：方程降阶求解→二分法求解方程→直线方程→线性方程； 理科高二高三：二次方程→直线笛卡尔方程→一元二次方程→笛卡尔方程→参数方程； 文科高二高三：二次方程→幂方程
美　国	具有复数解的二次方程→一元方程→一元不等式→二元方程→方程(组)或不等式(组)→根式方程→二次方程→二元一次方程→利用逆矩阵解线性方程组→二元一次不等式→三角方程→圆的方程→抛物线的方程→椭圆的方程→双曲线的方程
南　非	10 年级：一元一次方程→二次方程→二元一次方程组→文字方程(改变公式中的一个主题)→一元一次不等式→指数方程； 11 年级：根式方程→图像解释一元二次不等式→混合方程组→稳定变化的数列的通项公式是一元二次方程； 12 年级：圆的方程→圆的切线方程

由表 4－13 可见,各国课程标准中方程与不等式知识的发展主线存在一定差异。南非课标对应知识主线明显较为浅显；其他国家的课标主线则都显得较难。

三、各国课标方程与不等式方面的拓展知识

各国课标在方程与不等式方面都有拓展知识,但设置的拓展知识各有千秋,具有较大参考价值。方程拓展知识方面,设置有数列与方程的知识是南非课标,设置有三角函数与方程的知识是美国课标,设置有向量与方程的知识是韩国和澳大利亚课标,设置有矩阵与方程的知识是韩国和美国课标,设置有笛卡尔方程的知识是澳大利亚和法国课标,设置有差分方程的知识是中国和荷兰课标,设置有微分方程的知识是新加坡、韩国和澳大利亚课标；不等式拓展方面,中国课标设置有不等式选讲,韩国课标则设置有导数应用于不等式。方程方面各国的拓展知识,具体如表 4－14 所示。

表 4－14　9 个国家课标方程拓展知识

拓展知识模块	国家、知识点数量和具体知识点
向量与方程	韩国：向量方程,球方程及其求解,利用空间向量求直线、平面和球方程； 澳大利亚：直线、线段和曲线向量方程,球方程,物体等、变加速度直线运动的轨迹方程

拓展知识模块	国家、知识点数量和具体知识点
数列与方程	南非：数与模式（常数使得产生稳定变化的数列模式就是一个一元二次方程）
三角函数与方程	美国：利用逆函数来求解三角方程（有模型情境），利用信息技术来估计解，并在情境中理解
矩阵与方程	韩国：矩阵求解三个及以下未知量的方程组，高斯消元法解方程组，克拉默规则解一次方程组； 美国：将方程组表示为一个向量变量的矩阵方程，利用矩阵的逆求解线性方程组（利用三维矩阵或高斯矩阵）
差分方程	中国：一阶线性差分方程及其齐次方程、通解公式、特解，二元一阶线性差分方程组及其齐次方程组、通解公式、特解、迭代求法、算法框图、变化趋势，特殊差分方程； 荷兰：利用差分方程描述和比较函数的变化（平均变化间隔和某段弦的斜率），利用差分方程近似计算函数图像某点梯度
微分方程	新加坡：一阶、二阶微分方程及其分析解、特解、通解，相位线、倾斜领域、草图方案曲线，欧拉方法求解一阶微分方程的数值解，人口的数学模型，弹簧震动； 韩国：微分方程； 澳大利亚：分离变量法求解微分方程，一阶微分方程的斜率，逻辑斯谛方程
笛卡尔方程	澳大利亚：笛卡尔方程； 法国：笛卡尔直线方程及其共线条件、点和法向量下的确定方法、向量分解、方向系数和斜率之间的关系

第五节　结论和启示

通过对上述 9 个国家课标中方程与不等式内容的比较研究与分析，结合知识广度、知识深度和知识分布的结果，可以得到下列主要的结论和启示。

一、研究结论

（一）儒家文化圈对代数基础较为重视

韩国、日本和中国同属于儒家文化圈，其表现出来的"方程与不等式"内容知识广度和深度特点，揭示出了儒家文化圈国家对代数基础的重视。具体而言，中国和韩国课标在方程和不等式内容的广度上,均明显高于其他国家课标;日本课标在方程和不等式内容的知识深度上,均明显高于其他国家课标。从中可以进一步看出,儒家文化圈国家的数学教育,是重视"双基"内容的,也是现在欧美国家想要学习的主要内容。

(二) 各国课标重视方程及其基础模块的知识

各国课标重视方程模块的知识,从总体知识分布中,就能看得出来。各国课标重视方程基础模块的知识,则主要源于我国课标相对于其他国家课标而言,在方程基础知识上涉及较少。美国、澳大利亚、韩国和南非课标设置有较多方程基础内容,都是 10～12 个方程基础知识点,明显比其他国家课标要多。具体而言,美国、澳大利亚、韩国和南非课标都设置我国初中就已涉及的一元一次(二次)方程及其求解内容,美国、澳大利亚和南非课标还尤其提到了我国和韩国课标没有具体提到的问题情境中建立并求解方程(组)(尽管我国和韩国在义务教育课标中已有涉及),美国、韩国和南非课标则还尤其提到了我国和澳大利亚课标没有具体提到的一元二次方程的求根公式。

(三) 中国和美国课标涉及较难的圆锥曲线方程知识

中国和美国课标涉及了较难的椭圆标准方程、双曲线标准方程、抛物线标准方程等圆锥曲线方程知识。各国课标的知识主线中,只有美国和中国课标出现圆锥曲线内容,这体现了两个国家课标对于圆锥曲线内容的重视(与两国航空航天的发展需要,应该也有一定关系),同时也体现了圆锥曲线知识的难度。美国课标在圆锥曲线上的处理与我国不同,是先介绍抛物线内容,然后才是椭圆和双曲线内容。我国课标在圆锥曲线方程上,先是椭圆和抛物线方程,其次是双曲线方程;在教科书和一线教学上,则一开始就是较难的椭圆和双曲线方程,使得很多学生一开始就对圆锥曲线产生了恐惧心理。所以,可以参考美国课标的编排经验,以便一定程度上解决国内圆锥曲线教学的问题。

二、研究启示

(一) 设置"方程与不等式"章节内容

设置"方程与不等式"章节内容,一方面是国内教学的客观需要,另一方面也是国际上较为普遍的做法。这些年来的高中一线教学,在高中衔接课程中都特别重视"方程与不等式"内容,课程标准和教科书应该考虑到这样的需要。同时,日本、韩国、新加坡、美国、荷兰和南非等国课标都设置有专门的"方程与不等式"章节内容,这已经占到了绝大比例。

(二) 设置高等数学相关的方程拓展内容

设置高等数学相关的方程拓展内容,具体可参考我国目前现代数学发展的具体情况,参考其他国家课标的方程拓展知识的设置,进行设置。如我国课标没有太多涉及的向量与方程、数列与方程、三角函数与方程、矩阵与方程、微分方程和笛卡尔方程等。具体而言,微分方程方面,新加坡涉及的有:一阶、二阶微分方程及其分析解、特解、通解,相位线、倾斜领域、草图方案曲线,欧拉方法求解一阶微分方程的数值解,人口的数学模型,弹簧震动;韩国和澳大利亚分别有涉及。

第五章/高中数学"立体几何"内容的国际比较与分析

在中学数学课程体系中,几何课程一直都是其中的重要组成部分,是数学中最早建立的演绎公理化体系的分支,也是最早的数学教育内容,其所承载的教育价值具有无可替代的地位。纵观国内外的每一次课程改革,几何课程都是首当其冲的改革对象,甚至是众矢之的。这当然有历史的原因,更源于社会、教育、数学发展的深刻背景。作为基础教育的最后阶段,立体几何是高中几何课程的重要内容之一。因此,对各国数学课程标准中的立体几何内容进行比较研究,将有助于认识到中外高中几何知识的具体内容和知识结构。

从我国近三十年来数学课程的发展来看,几何内容及其结构体系一直是争论的热点。在20世纪80年代,由于深受苏联教育思想的影响,我国高中立体几何课程重在强调公理化思想,具有很强的系统性[1]。近年来,特别是深受"为了大众的数学"理论的影响,人们意识到包括立体几何在内的中学数学内容偏深、偏难,不易于学生接受。1996年《全日制普通高级中学数学教学大纲》立体几何部分有A、B两个方案,其中方案B比方案A增加了一些有关空间向量的内容,使得立体几何在几何代数化的道路上做出了切实的改变[2]。进入21世纪后,新一轮基础教育的改革给高中立体几何课程带来了更大变动,在2003年颁布的《普通高中数学课程标准(实验稿)》中,立体几何内容分别被安排在必修2和选修系列2中。必修2中的"立体几何初步"不包含空间角度和距离的计算、三垂线定理以及逆定理,而这些内容都安排在选修系列2中,并用向量方法予以

---

〔1〕 吕世虎,吴春燕,陈婷.20世纪以来中国中学数学课程内容综合化的历程及其启示[J].数学教育学报,2009,18(6):1-5.

〔2〕 韩龙淑.高中"课标"与"大纲"中立体几何内容比较研究及启示[J].数学教育学报,2006,15(2):71-73.

解决[1],这给高中数学课程内容带来了很大的变动,也引发了许多专家、学者对空间向量在立体几何中的运用的激烈讨论[2]。

第一节　研究概述

一、研究现状

　　为了反思中国几何课程的不足,并提出相应的修改意见,许多研究者将目光投向了几何课程的国际比较,力图为我国几何课程的改革、改进与发展提供一定的借鉴和参考。杜君毅在《普通高中几何课程体系实施研究》一文中,对俄国、美国、日本、英国、法国、德国等国家的几何课程体系进行了比较,得出各国几何学的安排呈现多样化的结论[3]。朱丽丽在其硕士论文《关于立体几何课程设置的比较与研究》中,对中国、美国、俄罗斯的课程设置进行了纵向比较,认为我国中学几何的三块内容(平面几何、立体几何和解析几何)采取"分编"的形式,美国和俄罗斯则采取"混编"。在内容的取舍上,我国偏重于传统知识,只是在近十年来才引进一些现代几何内容,如空间坐标和空间向量,美国则早在 20 世纪 70 年代就已引入了向量、变换,俄罗斯既重视传统几何,又兼顾现代几何[4]。李青林在其硕士论文中,将中美两国高中数学课程标准内容在几何领域也进行了比较分析,并得出了两个国家在几何课程上的共同点与不同点,例如:中国各个知识点的要求比较具体,可操作性强,而美国对各个知识点要求比较简单,没有明确规定学生应该掌握到什么程度;美国更注重学生的提出问题,解决问题的能力,注重用数学的方法解决实际问题的能力;美国更重视信息技术与数学课程的整合等[5]。刘爽在其硕士论文中着重探讨研究了荷兰的高中几何课程,在分析了荷兰的教育体制和荷兰的现行课标

〔1〕　中华人民共和国教育部.普通高中数学课程标准(实验)(S).北京:人民教育
　　　出版社,2003:19-23,52-65.
〔2〕　陈雪梅,李士锜,程海奎.用向量法处理立体几何问题的教学效果研究[J].数
　　　学教育学报,2008,17(3):55-57.
〔3〕　杜君毅.普通高中几何课程体系实施研究[D].北京:首都师范大学,2005.
〔4〕　朱丽丽.关于立体几何课程设置的比较与研究[D].北京:首都师范大学,
　　　2002.
〔5〕　李青林.中美高中数学课程标准的比较研究[D].武汉:华中师范大学,
　　　2009.

的背景下,以弗赖登塔尔研究所出版的英文版荷兰高中理科数学教材《几何的应用与证明》系列丛书为例进行介绍分析,通过系统的处理分析得出荷兰几何课程以问题解决为主线方面所体现的基本特征、基本内容、基本处理方式,并与我国的几何课程进行了比较,得到两国的高中几何内容在课程中的呈现方式、内容设置方面、深度和广度、目标要求等方面的不同[1]。李智慧、孙晓天在《试析当前日本高中几何课程的特点》一文中,通过对日本《高中数学学习指导要领》和日本高中数学教材的分析,全面了解了日本高中几何课程,总结出日本几何内容的特点:重视问题解决、重视动手实践、重视数学史知识[2]。

　　尽管目前已有很多关于数学课程标准的国际比较研究,在几何课程方面也得到了不少的研究结果,但仍有许多值得研究的问题,比如大范围的国际比较研究。另外,现有的课标比较主要是进行文本分析,量化处理方式的不多。从研究时间来看,近几年缺少关于高中几何的内容结构的国际比较研究,几篇价值较高的文献基本是在《普通高中数学课程标准(实验)》颁布以前发表的。

二、研究的主要问题

　　结合已有的研究,本章内容选择了 13 个具有一定代表性的国家(地区)的高中数学课标中的几何内容,进行相应的定量与定性分析。主要探究以下几个问题:核心知识模块有哪些、各国课标中立体几何的广度如何、在各模块上的知识分布和比重如何、在处理空间位置关系时所采用的方式是什么以及存在哪些异同。

三、研究样本的选取

　　本章选取了中国、日本、韩国、新加坡、芬兰、法国、德国、俄罗斯、英国、美国、澳大利亚、南非、印度等 13 个国家的课标进行比较研究。此部分内容涉及各国课标的选修内容,选取的原则是:各国课标中高中生升入大学时必须要求的内容,并偏向理科。例如,我国课标中的选修部分选取了涉及几何内容的选修 2-1 和选修 4-1,原因是首先这两个专题涉及高校选拔考试的内容,其次选修 2-1 是针对

〔1〕　刘爽.关于荷兰高中几何课程的研究——以 Geometry with applications and proofs 教材为例[D].北京:中央民族大学,2011.
〔2〕　李智慧,孙晓天.试析当前日本高中几何课程的特点[J].中央民族大学学报(自然科学版),2012,21(2):76-80.

理工等方面发展的学生而设置的。

四、主要研究方法

知识广度反映了课程内容涉及的范围和领域的广泛程度,界定及计算参见第三章。由于各国课程标准详略不一,在研究的过程中必须保证比较研究的统一性,因此,我们通过构造"立体几何知识点框架"的方法来统计各国课标中的立体几何知识点。框架的设计遵循以下几个步骤:

1. 划分知识模块。在我国高中课标中,立体几何知识主要集中两个方面:一是对空间几何体的研究,例如一些空间几何体的结构特征,计算其表面积和体积等;二是空间中线线、线面和面面之间的平行或垂直关系。纵观其他国家课标中的立体几何,还涉及平面、球面和球的方程等知识。因此,根据各国课标中立体几何知识的主要构成,我们将高中阶段的立体几何分为"空间几何体""空间位置关系"及"空间图形的方程"三大知识模块。

2. 形成知识点框架。在详尽程度和清晰程度上,我国的课标占有很大的优势。因此,在知识点框架的形成的过程中,首先,根据我国课标对几何内容的要求,罗列出各部分的知识点,形成一个初步框架。其次,依次对其他 12 个国家课标中的几何内容进行知识点细分,每一次细分后都与初步框架进行对比。若出现同样的知识点,则直接引用;若出现未记录的知识点,则重新对两个课标内容进行比对,对知识点进行调整、归纳或添加,逐步形成完善的知识点框架。

另外,既然利用知识点数量来刻画广度,就必须注意知识点有大有小的特征。如果以最大的知识点统计是没有意义的,中间层次的知识点又没有统一的描述,因此在统计时要保证知识点尽量小。此外,在课标中重复出现的知识点就不再纳入计算。

第二节 知识广度的国际比较与分析

从图 5-1 中可以看出,13 个国家课标按立体几何的广度排名,从大到小依次是俄罗斯、中国、韩国、德国、芬兰、法国、英国、印度、新加坡、美国、澳大利亚、南非和日本的课标。从知识点数量来看,大部分国家在立体几何上的知识点都较少,尤其美国、澳大利亚、南非和日本四个国家的课标,在立体几何上都是点到为止。俄

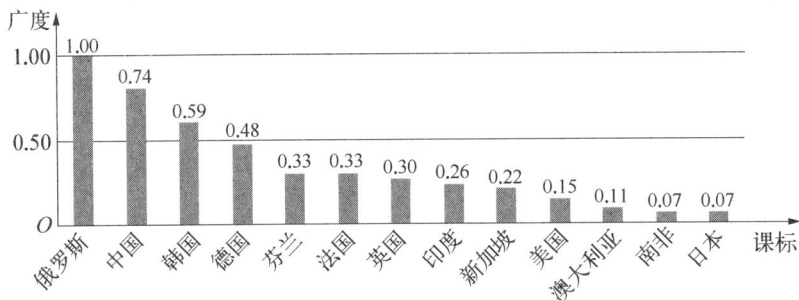

图 5 - 1 13 个国家课标中立体几何内容广度排名

罗斯、中国和韩国分别位居前三,同时俄罗斯课标的广度远超过我国课标的广度。

综合各国课标中关于立体几何的知识点,主要有 6 个核心知识模块:空间几何体的结构特征及面积和体积计算,用综合法证明空间中的位置关系,用综合法计算空间中的距离和角度,用向量法证明空间中的位置关系,用向量法计算空间中的距离和角度,用向量表示直线、平面、球和球面的方程。当然,有的国家也出现了一些其他与立体几何相关的知识。具体来看,各国课标在立体几何部分的广度情况如下:

1. 广度最大的是俄罗斯课标,在立体几何部分共涉及 27 个知识点,远超过位居第二的中国课标。具体来看,俄罗斯课标中除了具有上述核心知识模块以外,还具有几何公理化方法、三垂线定理、欧拉公式这些其他国家没有或者少有的知识点。值得一提的是,俄罗斯是唯一一个要求用传统的方法解决空间中的角度和距离的国家,这些均使俄罗斯课标中立体几何内容广度远远超过其他国家课标。

2. 我国课标中立体几何内容的广度虽然远小于俄罗斯课标,但也比其他国家课标的广度大,知识点主要集中在空间几何体的结构特征及面积和体积计算,用传统方法和向量方法证明空间中的位置关系,用向量方法计算空间中的角度,但不要求用传统方法计算空间中的距离和角度,也不涉及用向量表示直线、平面、球和球面的方程。

韩国课标在广度值上与我国课标接近,但是涉及的知识点内容却相差很大,韩国课标中的立体几何知识主要集中在用传统方法对空间位置关系的证明和用空间向量表示平面、球面和球的方程上,而关于空间几何体的结构特征及其面积和体积的计算、用向量的方法研究立体几何中的证明与计算均未涉及。

3. 德国课标在核心知识模块上要求认识空间几何体的特征并能计算表面积和体积,能用向量的方法计算空间中的角度和距离问题,但不涉及空间位置关系的证明。除此之外,还出现了空间几何体的对称和相似、平面的方程与平面族的概念。

4. 芬兰、法国和英国三个国家的课标在立体几何部分的广度基本相同,但在内容结构上差距很大。芬兰课标中涉及空间几何体的结构特征及面积和体积计算,以及用向量方法计算空间中的角度和距离问题,但不涉及空间中的位置关系的证明。法国课标中也涉及空间几何体的结构特征及面积和体积计算,并特别要求会使用空间几何软件,也要求用向量的方法证明空间中的位置关系,但不涉及传统证明方法及与角度、距离有关的计算问题。与6个核心知识模块相比较,英国课标中并不涉及任何与空间位置关系有关的知识,也不涉及空间中角度、距离等的计算问题,主要集中在对空间几何体的研究上,涉及空间几何体的结构特征、空间几何体表面积和体积的计算、绘制空间几何体等,还涉及空间几何的对称和相似。

5. 印度和新加坡的课标在立体几何部分都具有较少的知识点,两个国家的广度接近且内容结构基本一致,都主要涉及用向量方法证明空间中的位置关系和用向量方法求解空间中角度、距离,不涉及核心知识模块中的其他知识点。印度比新加坡多出的一个知识点是计算空间中线段的内分点与外分点坐标。

6. 排名靠后的美国、澳大利亚、南非和日本的课标,其在立体几何部分基本属于点到为止。美国课标涉及的知识点是绘制空间几何体、求空间几何体的体积、祖暅原理和几何建模,而后面两个知识点是其他国家课标中都不曾出现的。澳大利亚课标涉及的知识点是计算空间几何体的表面积、体积以及理解空间相似物体的表面积和体积的关系。南非课标只涉及空间几何体表面积和体积的计算,日本课标则是要求对空间几何体的结构特征有所了解,以及知道点、线、面的位置关系即可。

从各国量化结果和文本分析来看,各国课标中在立体几何部分存在的差异还是很大的,有些国家涉及的内容相似,但知识广度差距很大,例如中国与俄罗斯。有些国家知识广度接近,但侧重的知识点又完全不同,例如中国与韩国。纵观各种差异会发现,一方面,这与该国家是注重几何的推理论证,还是注重几何的应用性有直接关系。另一方面,高中的立体几何内容是否与大学课程接轨也是导致差异性的一个重要原因。在这一点上,韩国和德国的课标内容具有说服力。

第三节　知识分布的国际比较与分析

一、"空间几何体"的知识分布

从具体知识点上来看,各国课标在"空间几何体"模块的知识点呈现大同小异的状况。表5-1统计了13个国家的课标在该部分的知识点分布。

表 5-1　"空间几何体"模块的知识点分布

知识模块	知识点＼国别	中国	日本	韩国	新加坡	印度	英国	法国	德国	俄罗斯	芬兰	美国	南非	澳大利亚	频次
空间几何体	空间几何体的结构特征	1	1	0	0	0	1	1	1	1	1	0	0	0	7
	三视图与直观图	1	0	0	0	0	1	0	0	0	0	0	0	0	2
	平行投影与中心投影	1	0	0	0	0	1	0	0	0	0	0	0	0	2
	绘制空间几何体	1	0	0	0	0	1	1	1	1	1	0	0	0	6
	空间几何软件的使用	0	0	0	0	0	0	1	0	0	0	0	0	0	1
	空间几何体的表面积	1	0	0	0	0	1	1	1	1	1	0	1	1	8
	空间几何体的体积	1	0	0	0	0	1	1	1	1	1	1	1	1	9
	空间相似体的表面积、体积关系	0	0	0	0	0	1	0	0	1	0	0	0	1	3
	祖暅原理	0	0	0	0	0	0	0	0	0	0	1	0	0	1
	空间几何体的对称	0	0	0	0	0	0	0	1	1	0	1	0	0	3
	空间几何体的相似	0	0	0	0	0	1	0	1	1	1	0	0	0	4
	欧拉公式 $V+F-E=2$	0	0	0	0	0	0	0	0	1	0	0	0	0	1
	几何建模	0	0	0	0	0	0	0	0	0	0	1	0	0	1
总　　计		6	1	0	0	0	8	5	6	8	5	4	2	3	

注：表中"1"表示某国课标中有该知识点，"0"表示没有。表 5-2、表 5-3、表 5-4 同理。

从表 5-1 中可以看出：韩国、新加坡和印度三个国家的课标不涉及该部分的知识点，在该部分广度最大的是英国和俄罗斯的课标，美国、澳大利亚、南非和日本的课标广度较小，且该部分知识点构成了其课标中立体几何的主要知识点，中国、法国、德国和芬兰的课标处于中等水平；5 个以上的课标都涉及的核心知识点主要有：空间几何体的结构特征、绘制空间几何体、空间几何体的表面积和体积的计算，并且这些知识点也出现在我国的课标中；存在一些只出现在某一个国家课标中的特殊知识点，例如法国课标中的空间几何软件的使用，美国课标中的祖暅原理和几何建模，俄罗斯课标中的欧拉公式；我国课标涉及所有的核心知识点，同时出现了"三视图与直观图""平行投影与中心投影"两个大部分国家没有的知识点，但也有一些知识点没有涉及，如空间几何体的对称、相似等。

二、"空间位置关系"的知识分布

1. 空间位置关系的核心内容分布

空间位置关系是立体几何部分的核心模块,纵观各课标中"空间位置关系"的知识点,可归纳为三个核心内容:空间位置关系的证明、空间角度的计算和空间距离的计算。在这13个国家的课标中,英国、美国、南非和澳大利亚的课标没有"空间位置关系"的任何知识点,日本则只要求知道空间位置关系的定义即可,因此在本小节的比较分析中不考虑这5个国家。其余8个国家的课标在该部分的知识分布和处理方式呈现很大的差异。首先,表5-2统计了这8个课标在三个核心内容的涉及情况。

表5-2 "空间位置关系"模块中三个核心内容的涉及情况

知识模块	知识点 国别	中国	韩国	新加坡	印度	法国	德国	俄罗斯	芬兰
空间位置关系	空间位置关系的证明	1	1	1	1	1	0	1	0
	空间角度的计算	1	0	1	1	0	1	1	1
	空间距离的计算	0	0	1	1	0	1	1	1

从表5-2中可以看出:新加坡、印度和俄罗斯三个国家的课标在三个核心内容上都有涉及;我国课标涉及空间位置关系的证明和角度的计算,但没有要求计算空间距离;德国和芬兰的课标都涉及计算角度和距离,但没有位置关系的证明;韩国和法国则只要求证明位置关系,没有任何计算。

事实上,各国课标在证明空间位置关系、计算空间角度和距离时所采用的方法也是有很大差异的。因此,空间位置关系的处理方式也是值得一探究竟的。

2. 空间位置关系的处理方式

我们知道,向量因其兼具"数"与"形"的特征而在高中数学中起着衔接代数和几何的重要作用,成为解决许多问题的工具,最明显的体现就是运用在立体几何的证明与计算上,也就是"空间位置关系"中的三个核心内容。事实上,"空间位置关系"中的证明和计算问题主要有两种处理方式:一是用传统的逻辑推理方式进行证明和计算,简称"综合法";二是借助空间向量进行证明和计算,简称"向量法"。在上述8个国家的课标中,有的并存着两种处理方式,有的则只有其一,呈现出很大的差异。

表5-3　"空间位置关系"各核心内容证明和计算的处理方式

核心内容	处理方式	中国	韩国	新加坡	印度	法国	德国	俄罗斯	芬兰
空间位置关系的证明	综合法	1	1	0	0	0	0	1	0
	向量法	1	0	1	1	1	0	0	0
空间角度的计算	综合法	0	0	0	0	0	0	1	0
	向量法	1	0	1	1	0	1	1	1
空间距离的计算	综合法	0	0	0	0	0	0	1	0
	向量法	0	0	1	1	0	1	1	1

从表5-3可以看出：既存在综合法也存在向量法的有中国和俄罗斯的课标，但我国课标中综合法只运用在证明位置关系上，角度的计算完全用向量法解决，而俄罗斯除了不用向量法证明位置关系以外，其余两个核心内容都既存在综合法又存在向量法，是对综合法要求最高的国家；韩国课标只存在用综合法证明位置关系，其余都不涉及；新加坡、印度、法国、德国和芬兰5个国家的课标都只存在向量法，即完全用向量的方法解决立体几何中的证明和计算问题，但也有区别，其中新加坡和印度在三个核心内容上都有要求，德国和芬兰只要求角度和距离的计算，法国则只要求位置关系的证明。

加上5个不涉及该部分知识点的国家，依据该部分的处理方式，我们可以将13个国家分为四类。第一类是既存在综合法也存在向量法：中国、俄罗斯的课标；第二类是只存在综合法：韩国的课标；第三类是只存在向量法：新加坡、印度、法国、德国、芬兰的课标；第四类是不存在该部分知识：澳大利亚、南非、美国、日本、英国的课标。

三、"空间图形的方程"的知识分布

在"空间图形与方程"模块中，只有6个国家的课标具有相关的知识，分别是韩国、新加坡、印度、法国、德国和俄罗斯的课标，其余7个国家的课标都没有该部分的相关知识。表5-4统计了这6个课标在该部分的知识点分布情况。

从表5-4可以看出，这6个国家在该部分的知识点是很少的，各国都涉及的知识点是用空间向量表示平面的方程，其余三个知识点都只有一到两个国家涉及。从这几点也说明，"空间图形的方程"在立体几何中并不是核心内容。

表5-4　"空间图形的方程"模块的知识点分布

知识模块	知识点　　　　　国别	韩国	新加坡	印度	法国	德国	俄罗斯
空间图形的方程	用空间向量表示平面的方程	1	1	1	1	1	1
	平面族	0	0	0	0	1	0
	用空间向量表示平面的运动	1	0	0	0	0	0
	用空间向量表示球面和球的方程	1	0	0	0	0	1

四、各国课标的知识分布和比重

从上面的分析可以看出,各国在三个模块上的知识分布呈现很大的差异,表5-5统计了13个国家课标中三个知识模块的知识点数量以及所占比重。其中,对各国课标中比重最大的模块所对应的数据加粗,以便比较。

表5-5　13个国家课标中三个知识模块的知识点数量及所占比重

知识模块	国别类别	中国	日本	韩国	新加坡	印度	英国	法国	德国	俄罗斯	芬兰	美国	南非	澳大利亚
总知识点数量		20	2	16	6	7	8	9	13	27	9	4	2	3
空间几何体	知识点数量	6	1	0	0	0	8	5	6	8	5	4	2	3
	比重	30%	50%	0%	0%	0%	**100%**	**56%**	**46%**	30%	**56%**	**100%**	**100%**	**100%**
空间位置关系	知识点数量	14	1	13	5	6	0	3	5	17	4	0	0	0
	比重	**70%**	50%	**81%**	**83%**	**86%**	0%	33%	39%	**63%**	44%	0%	0%	0%
空间图形的方程	知识点数量	0	0	3	1	1	0	1	2	2	0	0	0	0
	比重	0%	0%	19%	17%	14%	0%	11%	15%	7%	0%	0%	0%	0%

从表5-5可以得到以下结论:各国课标中比重最大的模块都集中在"空间几何体"或"空间位置关系"两个模块上,这也说明各国将立体几何部分的侧重点多放在"空间几何体"或"空间位置关系"上,"空间图形的方程"只是作为辅助;在三个模块上都有涉及的是德国、法国和俄罗斯的课标,其余都只涉及一个或两个,其中我国课标不涉及"空间图形的方程"的知识点;立体几何总广度很小的英国、美国、南

非和澳大利亚课标的知识点都只集中在"空间几何体"上。

第四节 结论和启示

通过对上述 13 个国家课标中立体几何内容的比较研究与分析,结合知识广度和知识分布的结果,可以得到下列主要的结论和启示。

一、研究结论

(一) 俄罗斯、中国、韩国、德国的课标总广度较大

从立体几何的总广度上来看,俄罗斯课标的广度明显较大,中国、韩国课标分列第二、第三位。13 个国家课标按立体几何的广度排名,德国、芬兰、法国、英国、印度和新加坡课标居中,美国、澳大利亚、南非和日本课标则只有很少关于空间几何体的知识。从知识点数量来看,大部分国家课标在立体几何上的知识点都较少,尤其像美国、澳大利亚、南非和日本四个国家的课标。俄罗斯课标中除了具有上述核心知识模块以外,还具有几何公理化方法、三垂线定理、欧拉公式这些其他国家课标没有或者少有的知识点。值得一提的是,俄罗斯课标是唯一一个要求用传统的方法解决空间中角度和距离的。

(二) 各课标重点集中在"空间几何体"或"空间位置关系"上

各国课标中立体几何的内容重点集中在"空间几何体"或"空间位置关系"上,"空间图形的方程"作为辅助。在空间位置关系的证明和空间角度、距离的计算上,大部分国家的课标都淡化了大量的推理论证而更偏向几何的应用性,尤其德国、法国、芬兰、新加坡和印度五个国家的课标,其空间位置关系中的问题完全放在空间向量中学习,且对空间向量的应用性体现得很充分。但也有对推理论证要求很高的课标,例如俄罗斯课标。在俄罗斯的课标中依然存在三垂线定理、用综合法计算空间中的角度和距离这些偏重逻辑思维训练的知识点,甚至对几何公理体系也有一定的要求。

(三) 我国课标空间位置关系的处理方式偏向几何的应用性

我国课标空间位置关系的处理方式偏向几何的应用性,主要体现在整体知识

97

分布以及具体方法上。整体知识分布上,知识点不涉及"空间图形的方程"相关知识点。具体空间位置关系的处理方式方法上,13个国家课标分为四类。第一类是既存在综合法也存在向量法:中国、俄罗斯课标;第二类是只存在综合法:韩国课标;第三类是只存在向量法:新加坡、印度、法国、德国、芬兰课标;第四类是不存在该部分知识:澳大利亚、南非、美国、日本、英国课标。我国和俄罗斯课标明显在方法上比较全面,但我国课标中在这方面用的综合法,也只是运用在证明位置关系上,角度的计算完全用向量法解决。

二、研究启示

(一)淡化大量的推理论证是趋势

各国课标内容,淡化大量的推理论证是趋势,更注重立体几何的应用性,尤其体现在向量法的运用上。具体空间位置关系的处理方式方法上,8个有涉及该部分知识的国家课标中,只有韩国课标没有涉及向量法,中国、俄罗斯、新加坡、印度、法国、德国、芬兰等课标都有涉及向量法。我国课标中在这方面偏向几何的应用性,用的综合法,也只是运用在证明位置关系上,角度的计算完全用向量法解决。

(二)我国课标应适当增加空间向量应用的知识点

我国课标中空间位置关系的处理方式偏向几何的应用性,但在空间向量的应用上又远不及韩国、德国和俄罗斯等国家的课标,因为我国的课标中除了用向量解决空间位置关系的证明和角度计算以外,并没有其他体现空间向量应用性的知识,而韩国、德国和俄罗斯等国家的课标则要求利用空间向量表示空间图形的方程。因此,若我国课标适当增加该部分的知识点,也许可以缓和现状。当然,涉及知识点的增删问题,我们必须谨慎对待,须经过仔细的论证之后,方可实行。

第六章／高中数学"解析几何"内容的国际比较与分析

解析几何是17世纪初产生的一个数学分支,是用代数的方法来研究几何图形,它的诞生是近世代数学发展史上一个里程碑,学习解析几何常常被视为通向理解和掌握现代数学的一个桥梁。高中解析几何是目前高中数学课程的重要组成部分,然而,自1949年以后,在我国中学数学课程的发展历程中,平面解析几何几进几出,其处理颇受争议。进入21世纪后,新一轮基础教育的改革给平面解析几何课程带来了更大变动,在2003年颁布的《普通高中数学课程标准(实验稿)》中,必修模块和选修系列都设置了平面解析几何的内容,较之以往有了很大的变化。但是迫于高考的压力,新课程在实施的过程中仍然存在着很多问题,李铁安和宋乃庆就曾指出,学生对解析几何课程的理解肤浅,忽视几何方法的简洁性和有效性,很少介绍解析几何产生的背景[1]。同时,平面解析几何内容与其他模块的顺序关系也存在争议,彭玉忠指出:解析几何与三角函数有一定的联系,传统的教材体系是三角函数在前,解析几何在后,这为使用三角函数解决解析几何问题带来很大的方便,新课程把这一顺序颠倒过来,直线与圆在必修2中,三角函数在必修4中,这就产生了一些问题,最突出的问题就是无法建立直线的斜率与倾斜角之间的完整关系[2]。也有人提出选修内容的设置和实施步调不一致等意见,这些问题和争议都给我国高中数学课程改革带来了新的挑战。

再纵观国际上的数学课程改革,各国在设置平面解析几何课程时的理念也存在很大差异,通过比较不同国家平面解析内容的差异,也许能为我国平面解析几何课程中存在的问题和争议提供一些参考和借鉴。课标是规定课程性质、目标和内容的指

---

〔1〕 李铁安,宋乃庆.高中解析几何教学策略——数学史的视角[J].数学教育学报,2007,16(2):90-94.

〔2〕 彭玉忠.关于高中数学新课标的几点意见[J].数学通报,2007,46(4):23-24.

导性文件,研究数学课标中的相关内容能有助于了解各国在平面解析几何课程设置上的理念和原则。通过比较世界范围内有代表性的课标,也是更好地研制本国的数学课标、进行数学课程改革的基本方法之一[1]。因此,本文通过对中国、日本、韩国、新加坡、芬兰、法国、德国、俄罗斯、加拿大、美国、南非、印度等 12 个国家的高中数学课标进行比较(本章加拿大课标选取的是魁北克省课标),以了解各国课标中平面解析几何的广度如何,核心知识模块有哪些,在各模块上的知识分布和比重如何。

第一节 知识广度的国际比较与分析

纵观我国解析几何课程的演变历程,其在知识广度上就有很大变化。目前,我国高中课标中平面解析知识主要集中在三个方面。一是解析几何初步,主要是对直线和圆的方程及其几何性质的研究;二是对圆锥曲线的研究,包括椭圆、双曲线和抛物线的方程和几何性质;三是坐标系与参数方程,即建立不同的坐标系和方程研究几何图形。结合各国课标中平面解析几何知识的主要构成,将高中阶段的平面解析几何分为四个模块,分别为"直线与方程""圆与方程""圆锥曲线方程"及"其他",下面将分别对各国课标中平面解析几何的总广度(广度界定及计算参见第三章)、各模块的知识分布和比重进行比较。

一、平面解析几何总广度的比较

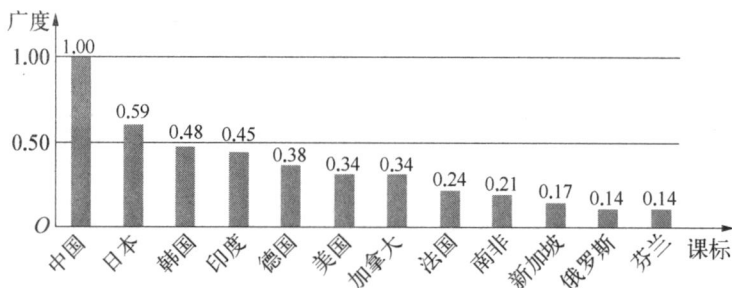

图 6-1 12 个国家课标中平面解析几何内容广度排名

---

[1] 郭衎,曹一鸣.数学课程中信息技术运用的国际比较研究[J].中国电化教育,2012(7):108-113.

从图6-1可以看出,各国课标在平面解析几何部分的广度明显呈现出四个层次,广度最大的是中国课标,远超过其他国家课标的广度,日本、韩国和印度三个国家的课标较为接近,处于第二层次,德国、美国、加拿大、法国和南非的课标处于第三层次,广度值较小的是芬兰、俄罗斯和新加坡的课标。

由于各国文化背景和教育理念有一定的差异,各国在课程设置上随着年级的不同都有不同的侧重,这在一定程度上会导致某一内容广度的差异。例如上述结果显示,俄罗斯课标在平面解析几何的广度很小,这跟俄罗斯高中几何内容的重点是立体几何有一定关系。再如美国课标,高中几何内容的重点是平面几何,因此平面解析几何的广度会相对小一些。

二、各课标在四个知识模块的分布和比重比较

表6-1统计了12个课标中四个知识模块的知识点数量以及占平面解析几何总知识点数量的百分比。其中,对各国课标中比重最大的模块所对应的数据加粗,以便比较。

表6-1　12个国家课标中四个知识模块的知识点数量及所占比重

知识模块	国别 类别	中国	日本	韩国	新加坡	印度	法国	德国	俄罗斯	芬兰	美国	加拿大	南非
总知识点数量		29	17	14	5	13	7	11	4	4	10	10	6
直线与方程	数量	9	4	6	5	6	5	3	0	2	5	5	4
	比重	**31%**	23%	**43%**	**100%**	**46%**	**72%**	27%	0%	**50%**	**50%**	**50%**	**67%**
圆与方程	数量	5	2	2	0	1	1	1	0	1	1	1	2
	比重	17%	12%	14%	0%	8%	14%	9%	0%	25%	10%	10%	33%
圆锥曲线与方程	数量	9	8	5	0	6	0	7	3	1	3	3	0
	比重	**31%**	**47%**	36%	0%	**46%**	0%	**64%**	**75%**	25%	30%	30%	0%
其他	数量	6	3	1	0	0	0	0	1	0	1	1	0
	比重	21%	18%	7%	0%	0%	14%	0%	25%	0%	10%	10%	0%

可以看出各国知识点主要集中在直线与方程、圆与方程、圆锥曲线与方程三个核心知识模块上,进一步分析可以得到:各国课标中比重最大的模块都集中在"直线与方程"或"圆锥曲线与方程"两个模块上,这也说明各国家将平面解析几何部分的侧重点多放在对直线和圆锥曲线的研究上;在三个核心知识模块上都有涉及的

有中国、日本、韩国、印度、德国、芬兰、美国和加拿大课标,新加坡课标只有"直线与方程",俄罗斯课标只有"圆锥曲线与方程",法国和南非课标只有"直线与方程"和"圆与方程";平面解析几何总广度很小的课标大都只集中在对"直线与方程"的研究上;美国和加拿大两个国家课标在三个核心模块上的知识点分布比重完全一样。

第二节　知识分布的国际比较与分析

一、"直线与方程"模块的知识点分布

"直线与方程"主要是运用代数的方法对直线的方程、几何性质及其位置关系的研究,是平面解析几何的基础知识,从具体知识点上来看,各国课标在"直线与方程"模块的知识点呈现大同小异的状况。表6-2统计了12个国家的课标在该部分的知识点分布。

表6-2　"直线与方程"模块的知识点分布

知识模块	国别 \ 知识点	中国	日本	韩国	新加坡	印度	法国	德国	俄罗斯	芬兰	美国	加拿大	南非	频次
直线与方程	直线的倾斜角和斜率	1	0	0	0	1	1	0	0	0	1	1	1	6
	判定直线平行或垂直	1	1	1	0	0	1	0	0	0	1	1	1	7
	直线的一般方程	1	1	1	1	1	1	1	0	1	1	1	1	11
	直线的参数方程	1	0	1	1	1	0	1	0	0	0	0	0	5
	直线的极坐标方程	1	0	0	0	0	0	0	0	0	0	0	0	1
	两直线的夹角	0	0	0	1	1	0	0	0	0	0	0	0	2
	直线族	0	0	0	0	1	0	0	0	0	0	0	0	1
	两直线的交点坐标	1	0	0	0	1	0	0	0	0	0	0	0	2
	平面两点间距离	1	1	1	1	0	1	0	0	0	1	1	1	8
	线段定比分点的坐标表示	0	1	0	1	1	1	0	0	0	0	1	0	5
	点到直线的距离	1	0	1	0	1	0	1	0	0	1	0	0	5
	平行线间的距离	1	0	0	0	0	0	0	0	0	0	0	0	1
总　计		9	4	5	5	6	5	3	0	2	5	5	4	

注:表中"1"表示某国课标中有该知识点,"0"表示没有。表6-3、表6-4、表6-5同理。

从表6-2中可以看出：俄罗斯课标不涉及该部分的知识点，在该部分广度最大的是我国的课标，日本、德国、芬兰和南非课标的广度较小；知识点数量达6个及以上的课标都涉及的核心知识点主要有：直线的一般方程、平面两点间的距离、判定直线平行或垂直、直线的倾斜角和斜率，并且这些知识点也出现在我国的课标中；存在一些只出现在某一个国家课标中的特殊知识点，例如我国课标中的"直线的极坐标方程"和"平行线间的距离"，德国课标中的"直线族"；我国课标涉及所有的核心知识点，但也缺少一些知识点，如两直线的夹角、直线族和线段定比分点的坐标表示。

二、"圆与方程"模块的知识点分布

纵观12个国家的课标，大部分国家的课标对圆的方程和位置关系的研究都很少，基本都集中在圆的一般方程上，少数国家的课标还涉及直线与圆的位置关系。相反，我国在该部分的知识点则比较全面。表6-3统计了各国课标在该部分的知识点分布。

表6-3　"圆与方程"模块的知识点分布

知识模块	国别 知识点	中国	日本	韩国	新加坡	印度	法国	德国	俄罗斯	芬兰	美国	加拿大	南非	频次
圆与方程	圆的一般方程	1	1	1	0	1	1	1	0	1	1	1	1	10
	圆的参数方程	1	0	0	0	0	0	0	0	0	0	0	0	1
	圆的极坐标方程	1	0	0	0	0	0	0	0	0	0	0	0	1
	圆的切线方程	0	0	0	0	0	0	0	0	0	0	0	1	1
	直线与圆的位置关系	1	1	1	0	0	0	0	0	0	0	0	0	3
	圆与圆的位置关系	1	0	0	0	0	0	0	0	0	0	0	0	1
总计		5	2	2	0	1	1	1	0	1	1	1	2	

从表6-3中可以看出：新加坡和俄罗斯的课标不涉及"圆与方程"的相关知识点，在该部分广度最大的仍然是我国课标，其他国家的课标涉及的知识点都很少；各国都集中在对"圆的一般方程"的研究上，除了新加坡和俄罗斯的课标，所有国家的课标都涉及这一核心知识点，且有6个国家仅有这一个知识点；中国、日本、韩国的课标涉及"直线与圆的位置关系"，只有我国课标涉及"圆的参数方程""圆的极坐标方程"和"圆与圆的位置关系"，但我国课标没有"圆的切线方程"，而该知识点只

出现在南非课标中。

总的来说,无论是在圆的方程上,还是与圆相关的位置关系上,我国课标涉及的知识点都比其他国家课标更多更全面。例如我国课标从一般方程、参数方程和极坐标方程三个方面研究了圆的方程,而其他国家课标大多只有一个。在圆的位置关系上,除了研究直线与圆的位置关系以外,还研究了圆与圆的位置关系,而这是其他国家课标都没有涉及的知识点。我国课标在平面解析几何上的广度优势主要体现在"圆与方程"这一模块上。

三、"圆锥曲线与方程"模块的知识点分布

在我国课标中,"圆锥曲线与方程"位于选修系列,知识点主要集中在对椭圆、双曲线和抛物线的研究上,在高考中属于重点知识,也是难点知识。随着课程改革的进行,该部分的知识点较以往有所减少,例如取消了椭圆、双曲线的第二定义等。尽管如此,我国课标在该部分的广度仍然领先。表6-4统计了各国课标在该部分的知识点分布。

表6-4 "圆锥曲线与方程"模块的知识点分布

知识模块	知识点 \ 国别	中国	日本	韩国	新加坡	印度	法国	德国	俄罗斯	芬兰	美国	加拿大	南非	频次
圆锥曲线与方程	椭圆的定义与标准方程	1	1	1	0	1	0	1	1	0	1	1	0	8
	椭圆的几何性质	1	1	0	0	1	0	1	0	0	0	0	0	4
	双曲线的定义与标准方程	1	1	1	0	1	0	1	1	0	1	1	0	8
	双曲线的几何性质	1	1	0	0	1	0	1	0	0	0	0	0	4
	抛物线的定义与标准方程	1	1	1	0	1	0	1	1	1	1	1	0	9
	双曲线的几何性质	1	1	0	0	1	0	1	0	0	0	0	0	4
	直线与圆锥曲线的位置关系	1	0	0	0	0	0	0	0	0	0	0	0	1
	圆锥曲线的统一方程	0	0	1	0	0	0	0	0	0	0	0	0	1
	圆锥曲线的切线方程	0	0	1	0	0	0	0	0	0	0	0	0	1
	圆锥曲线的参数方程	1	1	1	0	0	0	0	0	0	0	0	0	3
	圆锥曲线的极坐标方程	1	1	0	0	0	0	0	0	0	0	0	0	2
总计		9	8	5	0	6	0	7	3	1	3	3	0	

从表6-4可以看出:新加坡、法国和南非的课标不涉及该部分的相关知识点,在该部分广度最大的仍然是我国课标,核心知识点是"椭圆的定义与标准方程""双曲线

的定义与标准方程"和"抛物线的定义与标准方程";从具体知识点分布来看,我国课标和日本课标最为接近,不仅涉及了三大曲线的标准方程和几何性质,还介绍了曲线的参数方程和极坐标方程,我国课标多出的知识点是直线与圆锥曲线的位置关系;德国和印度的课标比较接近,都集中研究三大曲线的标准方程和几何性质,不涉及参数方程和极坐标方程,但特殊的是,德国课标研究了圆锥曲线的统一方程,这也是其他国家课标没有的知识点;韩国课标自成一派,并不涉及圆锥曲线的几何性质,完全集中在对曲线方程的研究上,包括曲线的标准方程和参数方程,同时还涉及圆锥曲线的切线方程,这也是其他国家课标没有的知识点;俄罗斯、美国和加拿大的课标一致,只涉及三大曲线定义和标准方程;芬兰课标知识点只涉及抛物线的定义和标准方程。

四、"其他"模块的知识点分布

为了便于比较,本章将各国课标中不能单纯归入前三个模块的知识点组成一个模块,包括的知识点有:轨迹、用坐标系证明平面几何定理、直角坐标系下的图像变换、极坐标系及方程、柱坐标系、球坐标系、曲线的参数方程、平摆线、渐开线。需要说明的是,这里的"极坐标系及方程""曲线的参数方程"是对一般曲线的研究,与特殊图形(直线、圆、圆锥曲线)的极坐标方程和参数方程有区别。表6-5统计了各国在该部分的知识点分布情况。

表6-5　"其他"模块的知识点分布

知识模块	知识点＼国别	中国	日本	韩国	新加坡	印度	法国	德国	俄罗斯	芬兰	美国	加拿大	南非
其他	轨迹	0	1	0	0	0	0	0	1	0	0	1	0
	用坐标系证明平面几何定理	0	0	0	0	0	1	0	0	0	1	0	0
	直角坐标系下的图像变换	1	0	1	0	0	0	0	0	0	0	0	0
	极坐标系及方程	1	1	0	0	0	0	0	0	0	0	0	0
	柱坐标系	1	0	0	0	0	0	0	0	0	0	0	0
	球坐标系	1	0	0	0	0	0	0	0	0	0	0	0
	曲线的参数方程	1	1	0	0	0	0	0	0	0	0	0	0
	平摆线和渐开线	1	0	0	0	0	0	0	0	0	0	0	0
总　计		6	3	1	0	0	1	0	1	0	1	1	0

可以看出,在该部分仍然是我国课标涉及的知识点最多,包括与韩国课标都涉

及的"直角坐标系下的图像变换",与日本课标都涉及的"极坐标系及方程"和"曲线的参数方程",同时还有柱坐标系、球坐标系、平摆线和渐开线这些其他国家课标没有的知识点。另外,日本、俄罗斯和加拿大课标涉及"轨迹",法国和美国课标涉及"用坐标系证明平面几何定理",而这两个知识点不在我国课标内。

我国课标中该部分知识点主要集中在选修4系列的"坐标系与参数方程"专题,但迫于高考的压力,在具体实施的过程中,教师主要讲授的是直角坐标系、极坐标系和参数方程,对于柱坐标系、球坐标系、平摆线和渐开线都只是点到为止,导致课程目标和教学实际存在不一致的情况。

第三节　结论和启示

通过对上述12个国家课标中解析几何内容的比较研究与分析,结合知识广度和知识分布的结果,可以得到下列主要的结论和启示。

一、研究结论

(一) 各国平面解析几何的重点主要集中在对直线和圆锥曲线的研究上

从知识点分布来看,各国课标平面解析几何的重点都主要集中在对直线和圆锥曲线的研究上,除我国课标外,其他国家课标对圆的方程的研究都是点到为止。从直线和圆锥曲线两个模块比较,我国和印度的课标在直线和圆锥曲线上的比重一样,日本和德国的课标偏重圆锥曲线,韩国、法国、美国和加拿大的课标偏重直线,新加坡的课标只有直线,俄罗斯的课标只有圆锥曲线,南非的课标则只有直线和圆,芬兰的课标在直线、圆和圆锥曲线上的知识点都极少。

(二) 我国课标解析几何内容的广度位居第一

和其他国家课标相比,我国课标无论是在总广度上,还是在各模块广度上都位居第一。总体上,我国在平面解析几何上的知识点比较全面。具体来说,我国平面解析几何知识主要分布在直线和圆的方程及位置关系、圆锥曲线的方程及性质等方面。尽管没有包括:直线的夹角、直线和曲线的参数方程、圆和圆锥曲线的统一方程等,但在前面内容上却涉及较多。

二、研究启示

（一）需要准确地把握选修 4 中平面解析几何的定位

我国平面解析几何的一部分知识点来自选修 4，虽然课标对各知识点都有明确的要求，但迫于高考的压力，在具体实施的过程中，教师只讲授部分重点知识，导致课程目标和教学实际出现不一致的情况。事实上，我国课标中的选修系列大多存在类似的情况，这应该引起课程研制者与一线教师的重视和思考。如何准确地把握选修 4 中的平面解析几何内容在高中数学课程当中的定位也应成为当前课程改革的重要问题之一。

（二）需要加强对解析几何知识内容的知识整合

虽然我国课标在平面解析几何上的广度远超过其他 11 个国家的课标，但从知识整合的角度来看，我国课标差强人意。事实上，对于平面解析几何内容的选择和设置，不仅要考虑到平面解析几何本身的特点，还要考虑到平面解析几何作为一个知识体系时与其他数学知识之间的关系，在紧抓基础内容的同时，除了要突出平面解析几何的思想本质，更要突出其与其他知识之间的相互融合。

第七章 高中数学"概率与统计"内容的国际比较与分析

第一节 研究概述

现代社会的发展,对概率统计的要求越来越高。而高中数学课程中的概率统计部分也是我国当前数学课改的重要组成部分。通过对各国的概率统计的受重视程度、涉及内容的比较,可以发现我们的优势和不足,从而吸取他国的长处,弥补我国的不足,促进我国数学教育的进一步发展[1]。

我国现有文献的概率统计国际比较主要集中在中国和某一国家的比较,如中国和美国、中国和英国、中国和澳大利亚、中国和日本、中国和印度的比较等。也有少部分会涉及三个国家的比较,如中国、美国和新加坡的比较。涉及再多国家的比较就很少了。而且,这些研究往往是针对教材的比较,针对课标的比较研究较少。另外,大部分比较都只是在进行质性分析,并没有做量化处理。因此,本章选择多个发达国家或者国际数学教育比较项目排名比较靠前的国家的高中数学课标中的概率统计内容比较分析,并进行细致的定量研究与定性分析。定量研究包括广度、深度、难度、认知水平分布、核心模块知识分布、聚类分析;定性分析包括介绍各课标关于概率统计内容的编排顺序,与排列组合知识的关系,文理科学生所学内容的差异等方面。

通过对概率统计部分大范围的国际比较,不仅可以开阔视野,对于其他国家关于概率统计部分的设置做到"心中有数",也可以反思我国概率统计课程设置的现

---

[1] 娄满想.中国、美国和新加坡高中数学教科书中概率统计内容的比较研究[D].上海:华东师范大学,2012.

状,以及需要改进的地方。对于一线教师而言,也可以站在一个更高的角度进行概率统计部分的教学。

　　本章选取中国、日本、韩国、新加坡、芬兰、法国、德国、荷兰、俄罗斯、英国、加拿大、美国、澳大利亚、南非、印度等 15 个国家的课标为研究对象。研究思路与前几章基本一致。介于概率和统计的重要性,又因为几乎所有国家高中课标都会涉及此部分内容,且有些国家针对不同的对象提出了具体明确的不同要求,故而这一章共选取 15 个国家的 20 个课标进行比较研究。其中,加拿大选取安大略省课标。另外,中国选取文科和理科课标,法国选取文科和理科课标,德国选取基础和提高课标,俄罗斯选取基础和专业课标,澳大利亚选取基础和专业课标。因一个国家多个样本,为区分分别记为中国(文科)、中国(理科)、法国(文科)、法国(理科)、德国(基础)、德国(提高)、俄罗斯(基础)、俄罗斯(专业)、澳大利亚(基础)、澳大利亚(专业)。

　　下面从知识广度、深度、难度、分布对 15 个国家 20 个课标的情况进行比较研究。其中知识广度和深度的界定参见第三章。课程的统计难度是指在确定的被试对象上表现出来的难度,主要是通过考试,衡量学生是否达到课程目标的要求,也叫相对难度。课程的内容难度是由课程目标确定的,在课标和教材上表现出来的难度,课标和教材一旦形成,课程的内容难度便成为一种不附加任何条件、不受任何限制的客观存在。本书研究中难度指课程的内容难度。依据文献[1-2]可知课程难度与课程深度成正比,与课程时间成反比;课程难度与课程广度成正比,与课程时间成反比。难度的计算模型如下:

$$课程难度 = \lambda \times (广度 / T) + (1 - \lambda) \times (深度 / T)$$

　　其中 T 指课程时间,λ 为加权系数。在确定 λ 值时,参考"在应用中,常常取 $\lambda = 0.5$,即课程难度等于课程的深度和广度的算术平均数",访谈并调研资深大学数学教师、高级中学的数学教师及学生,并咨询林群院士等知名数学家的意见,得出结论"对于高中的学生来说,学习新的概念、命题相对来说比旧内容的加深更有难度",因此,选定 $\lambda = 0.6$。鉴于课标的实际情况,且资料有限,故模型中暂不考虑所用课时,故令 T 值取 1。故而本书中使用的难度计算公式为:知识难度 $=0.6 \times$ 知识广度 $+0.4 \times$ 知识深度。

---

〔1〕　李淑文.中日两国初中几何课程难度的比较研究[D].东北师范大学,2006:
　　　30-32.

〔2〕　李高峰.课程难度模型运用中的偏差及其修正——与史宁中教授等商榷[J].
　　　上海教育科研,2010(3):46-49.

第二节　知识广度的国际比较与分析

一、概率与统计总体的知识广度

对 20 个课标中"概率与统计"部分的知识点个数进行统计,得到"概率与统计"的广度排名,如图 7-1 所示。

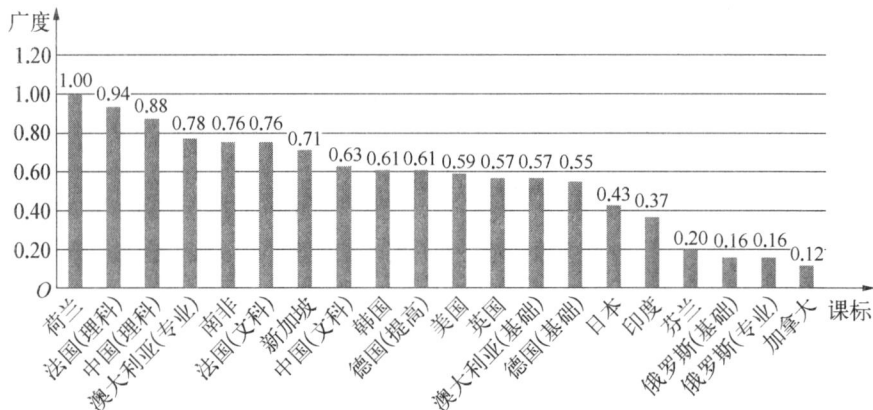

图 7-1　概率与统计知识广度排名

从图 7-1 中可以清晰地看到,荷兰课标包含的知识点个数是最多的,广度最大,法国(理科)课标次之,中国(理科)课标广度排在第三位。荷兰课标比中国(理科)课标多的知识点主要有:概率密度函数、均匀分布、用树形图计算概率、根号 n 法则、中心极限定理、样本比例、条形图、扇形图、饼状图、频数多边形、零假设、备择假设、单面假设、双面假设、显著性检验等。法国(理科)课标比中国(理科)课标多的知识点主要有:概率密度函数、棣莫弗-拉普拉斯定理、全概率、均匀分布、指数分布、样本比例、四分位数、盒式图、区间估计、置信区间、置信度、波动范围、蒙特卡洛方法等。

中国(文科)课标中的概率统计知识排在第八位,处于中上水平。印度、芬兰、俄罗斯(基础)、俄罗斯(专业)、加拿大课标所涉及的知识点均较少。

二、概率和统计两部分的知识广度

由于概率统计主要分为概率和统计内容。考查的 15 个国家的 20 个课标虽然

各具特色,但都是既包含概率,又包含统计。对每个课标中所含的概率和统计广度
分别进行了比较。

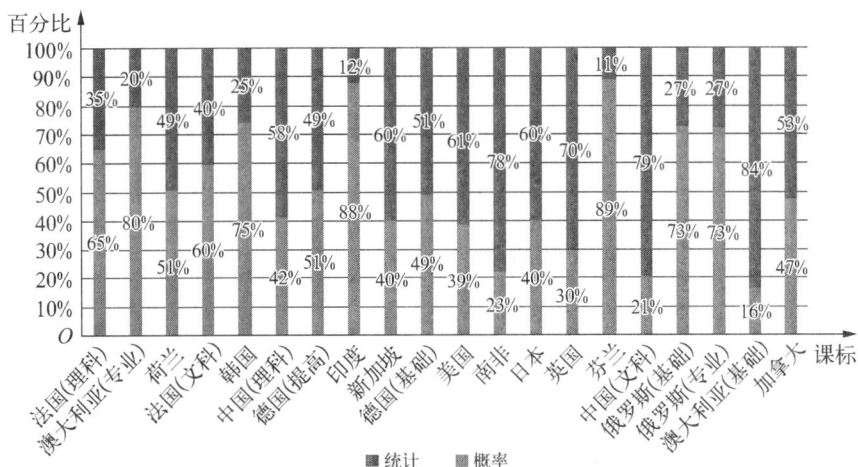

图7-2　概率和统计的广度在本课标中所占比重

从图7-2中可以看出,各国对于概率和统计知识的重视程度是不太一样的。
中国(文科)课标统计占79%,中国(理科)课标统计占58%,这是因为中国的理科
生要学习"选修2-3",而文科生要学习"选修1-2",二者均有《统计案例》一章,但
"选修2-3"中还包含"概率"一章,所以文科生和理科生学习的统计知识一样多,但
理科生学习的概率知识要多一些。另外,芬兰、印度、韩国、澳大利亚(专业)等课标
中,概率的知识远远多于统计。澳大利亚(基础)、中国(文科)、南非等课标中,概率
的知识远远少于统计。根据经验,侧重概率往往更侧重理论,而侧重统计,往往更
侧重应用。

第三节　知识深度的国际比较与分析

一、概率与统计总体知识深度

印度、德国、新加坡和俄罗斯这4个国家的课标中只是列出概率与统计部分的
知识点,并没有提及这些知识点需要学生掌握的层次。因此,对课标中概率与统计
部分的深度统计只考查其他11个国家的14个课标。各课标中概率与统计部分的
深度值排名如图7-3所示。

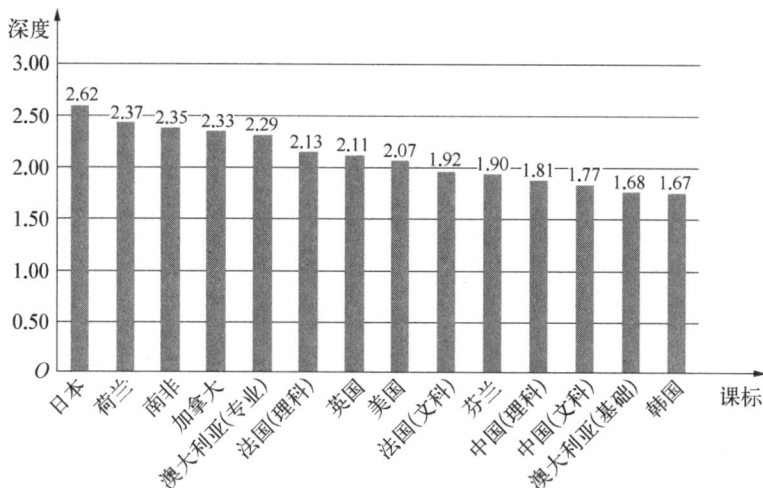

图 7‑3　概率与统计知识深度排名

从图 7‑3 中可知,在这 14 个课标的概率统计内容的深度排名中,日本的课标遥遥领先,值为 2.62。荷兰与南非的课标紧随其后,加拿大的课标排名第四。而在广度排名中,加拿大课标是排倒数第一的。这是因为加拿大知识点少但对每个知识点的要求不低。中国(文科)和中国(理科)课标分别排名倒数第三和倒数第四,这说明中国课标在概率统计内容方面的要求是"广而不深"的。涉及的知识点很多,但需要掌握的层次较低。韩国课标排名倒数第一,值为 1.67。

(一) 概率统计总体知识认知水平

各国课标的深度还可以依据四个认知水平的知识点个数占比参考判断。

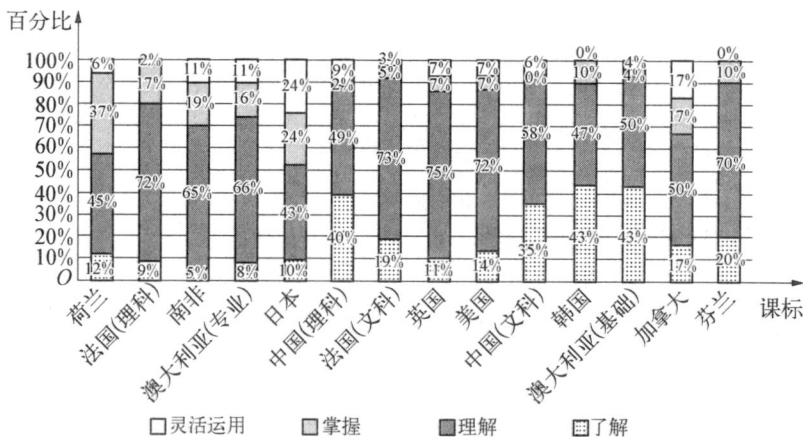

图 7‑4　四个认知水平的知识点个数所占比重统计

从图 7-4 中可以看出,各国课标在"了解""理解""掌握""灵活运用"四个层次的认知水平分布情况是有差异的。大部分课标"理解"层次较多。中国(文科)、中国(理科)、澳大利亚(基础)和韩国的课标相对于其他课标来说,"了解"层次是比较多的。分别为 35%、40%、43% 和 43%。荷兰课标"掌握"层次是最多的,高达 37%。而日本课标"灵活运用"层次是最多的,从一个侧面反映出日本课标在概率统计方面对学生的要求是较高的。

(二) 概率和统计两部分的知识深度

以上是从宏观角度比较,那么如果从微观角度来看,概率和统计这两部分内容的深度在各课标中所占比例的情况如何呢? 也就是说,每个课标对概率要求较深呢? 还是对统计要求较深呢? 还有二者基本持平呢? 为此,将能够计算深度的 14 个课标中概率和统计的深度所占比例分别计算出来,如图 7-5 所示。

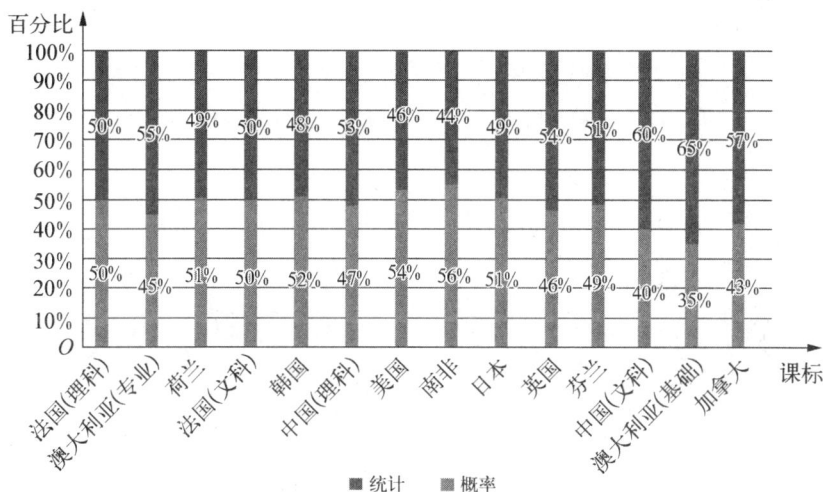

图 7-5　核心知识模块的深度在本课标中的比重

从图 7-5 中可以看出,在所考查的 14 个课标中,大部分课标的概率与统计的深度所占比例是相差不大的。这说明,这些课标的编写风格前后保持了一致。概率和统计所涉及的知识点个数有所差别,但其认知水平要求相差不大。

二、概率与统计总体知识难度

各课标概率与统计总体知识难度排名,如下图 7-6 所示。

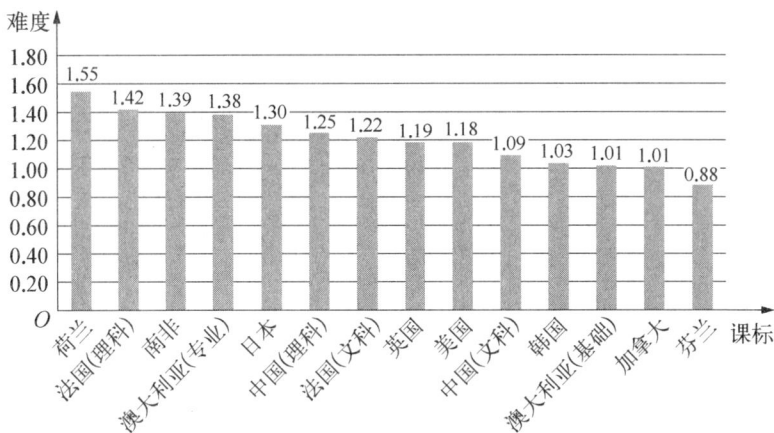

图 7 - 6　概率与统计总体知识难度排名

从图 7 - 6 中可以看出,概率统计知识的难度与其广度、深度有一定的关联性。因为难度是由广度和深度这两个量决定的。难度对于广度和深度具有一种"调和"作用。如日本课标广度较低,深度较高,难度居中。中国课标广度较高,深度较低,而难度也居中。难度排名前三的分别为荷兰、法国(理科)和南非课标,难度分别为 1.55、1.42、1.39。后三名分别为澳大利亚(基础)、加拿大和芬兰课标,难度分别为 1.01、1.01 和 0.88。

上述课标中概率和统计的难度所占比例,具体如图 7 - 7 所示。

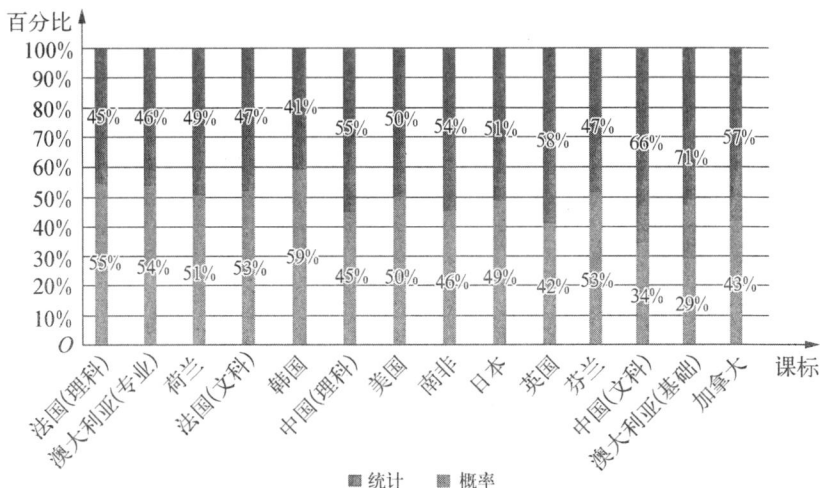

图 7 - 7　核心知识模块的难度在本课标中的比重

从图 7 - 7 中我们可以看出,概率和统计两部分知识模块的难度在本课标中所占比重与其广度、深度在本课标所占比重三者的关系同图 7 - 1、图 7 - 3、图 7 - 6 中所示的广度、深度与难度的关系类似,即难度对广度和深度起到"调节"作用。

接下来,研究概率和统计这两个核心知识模块分别的难度排名。

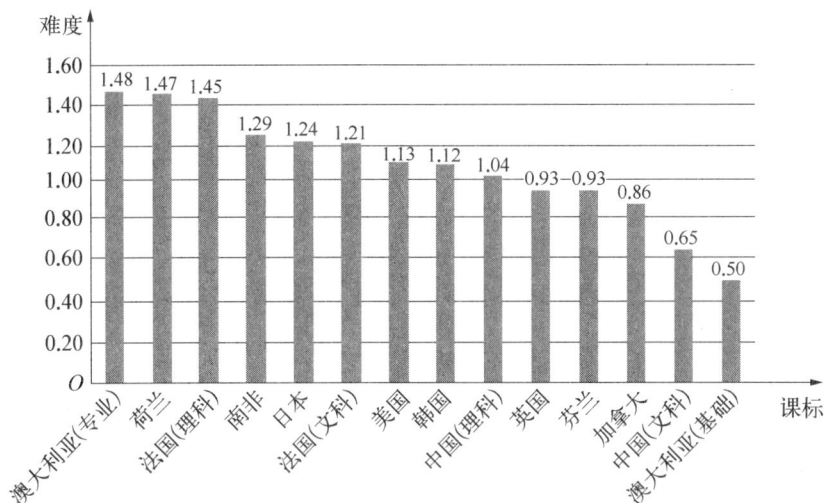

图 7-8　概率知识难度排名

从图 7-8 中可以看出,在概率知识的难度排名方面,澳大利亚(专业)课标排在首位,值为 1.48,荷兰与法国(理科)课标紧随其后,难度分别为 1.47 与 1.45。中国(理科)课标的排名为第九位,难度为 1.04,中国(文科)课标的排名更靠后,为倒数第二,难度仅为 0.65。

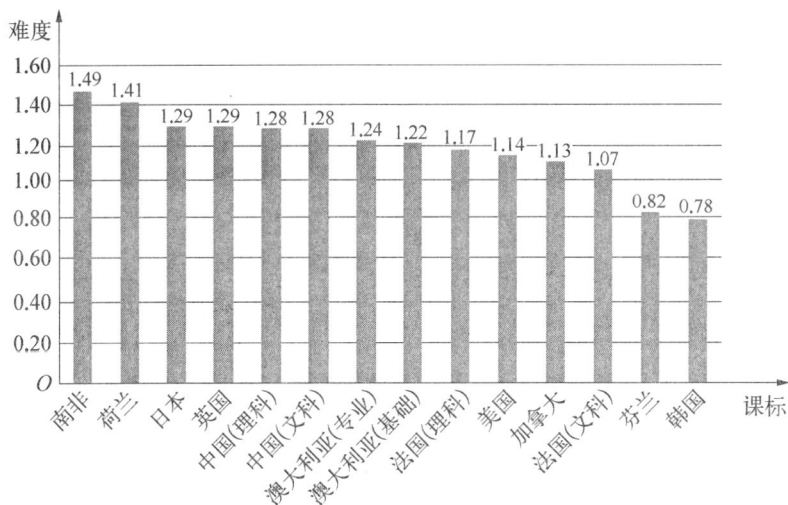

图 7-9　统计知识难度排名

从图 7-9 中可以看出,统计知识的难度排名与概率知识的难度排名差异很大。南非课标的统计知识的难度排在第一位,为 1.49,其次是荷兰课标,为 1.41。中国(理科)和中国(文科)课标的统计知识的难度是一样的,都是 1.28,其实这并不奇怪,因为中国的文理科学习的统计知识是一样的,首先,必修三中的统计部分是都学的,然后,理科生学习的是选修 2-3 中的《统计案例》一章,而文科生学习的是选修 1-2 中的《统计案例》一章,课标对这两章的要求完全相同。

另外,综合图 7-8 和图 7-9,有人或许会提出疑问,荷兰课标的概率难度和统计难度都不是最高的,为什么概率与统计总的难度却是最高的呢?这是因为概率统计所占的比重相差不大,而概率难度最大的澳大利亚(专业)课标所含的概率知识的广度、深度远远多于统计知识的广度、深度,而统计难度最大的南非课标,所含统计知识的广度、深度又远远高于概率知识的广度、深度。

第四节　知识分布的国际比较与分析

知识分布的聚类分析

进行聚类分析,实际上是将所要研究的内容进行适当的分类。本章主要是从课标和知识点两个维度进行研究。因此,对课标和知识点两个方面分别进行聚类分析。

(一) 对课标进行聚类分析

对课标进行聚类分析,目的是将各课标进行归类,看一看哪些课标"比较像",可以归为一类,然后对聚类的结果进行解释。借助 SAS 统计软件,用类平均法和离差平方和法进行聚类的结果及分析。

1. 用类平均法进行聚类分析

从聚类过程图 7-11 可知:利用类平均法对 14 个课标进行聚类,通过观察半偏 R^2 统计量 SPRSQ 可知,从六类聚到五类,从五类聚到四类时损失较多,故分成六类或五类较为合适,通过观察伪 F 统计量 PSF 可知,它较支持聚成五类或六类,而伪 t^2 统计量 PST2 也支持分成五类。综上所述,将此 14 个课标分成五类是比较合适的。

第一类:加拿大,芬兰,韩国,日本,美国,英国,中国(文科),中国(理科);

第二类:法国(文科),法国(理科),澳大利亚(专业);

第三类:澳大利亚(基础);

第四类:南非;

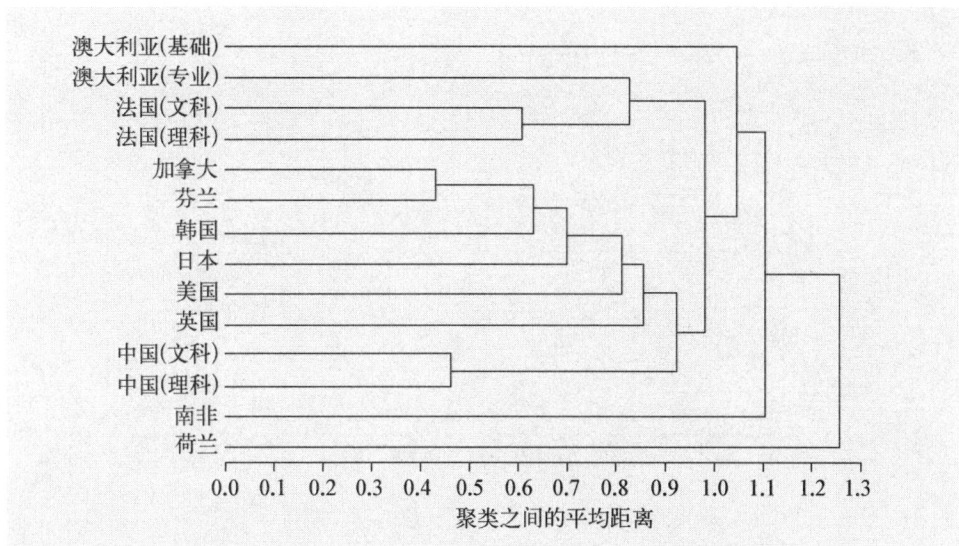

图 7－10　用类平均法对不同课标进行聚类分析的谱系图

NCL	--Clusters	Joined---	FREQ	SPRSQ	RSQ	ERSQ	CCC	PSF	PST2	Norm RMS Dist
13	加拿大	芬兰	2	0.0143	.986	.	.	5.8	.	0.4305
12	中国(文科)	中国(理科)	2	0.0163	.969	.	.	5.8	.	0.4601
11	法国(文科)	法国(理科)	2	0.0283	.941	.	.	4.8	.	0.6061
10	CL13	韩国	3	0.0359	.905	.	.	4.2	2.5	0.6294
9	CL10	日本	4	0.0441	.861	.	.	3.9	1.8	0.7004
8	CL9	美国	5	0.0622	.799	.	.	3.4	2.0	0.8115
7	澳大利亚(专业)	CL11	3	0.0611	.738	.	.	3.3	2.2	0.8293
6	CL8	英国	6	0.0679	.670	.	.	3.2	1.7	0.856
5	CL6	CL12	8	0.1277	.542	.	.	2.7	3.2	0.9216
4	CL7	CL5	11	0.1557	.387	.	.	2.1	3.1	0.9782
3	澳大利亚(基础)	CL4	12	0.1029	.284	.	.	2.2	1.7	1.0452
2	CL3	南非	13	0.1175	.166	.281	-1.8	2.4	1.8	1.1024
1	CL2	荷兰	14	0.1662	.000	.000	0.00	.	2.4	1.257

图 7－11　用类平均法对不同课标的聚类过程

第五类：荷兰。

2．*用离差平方和法进行聚类分析*

离差平方和法也是一种很常用的聚类分析的方法。利用离差平方和法对课标进行聚类分析，出现的谱系图和聚类过程图是和上述利用类平均法得出的结果同时运行出来的。具体谱系图和聚类过程如图 7－12、7－13 所示。

从聚类过程图 7－13 可知，利用离差平方和法对 14 个课标进行聚类，观察半偏 R^2 统计量 SPRSQ 可知，从四类合并为三类，三类合并为两类时损失较多，因此分成三类、四类比较合适，观察伪 F 统计量 PSF 可知，分成三类较为合适，观察伪 t^2 统计量 PST2 可知，分成三类较为合适。综上所述，将 14 个课标按离差平方和法

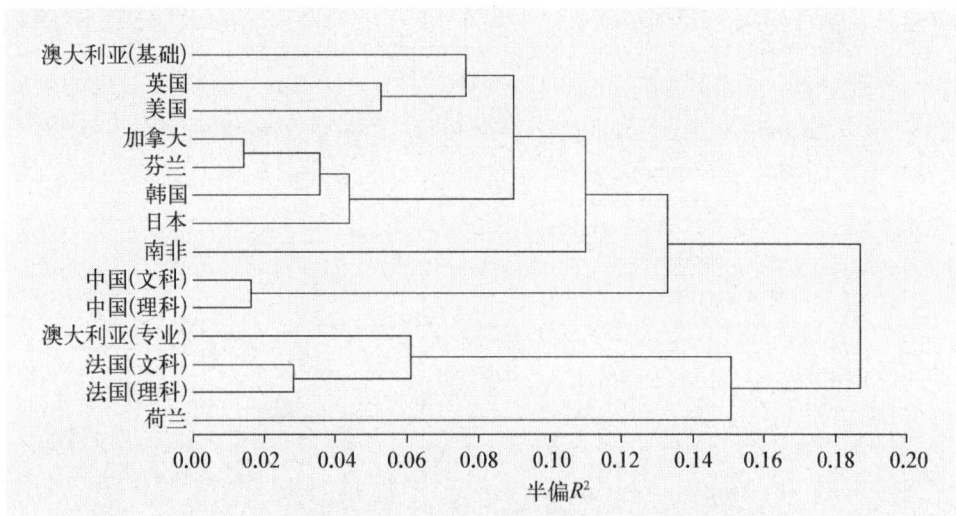

图 7－12　用离差平方和法对不同课标进行聚类分析的谱系图

NCL	--Clusters	Joined---	FREQ	SPRSQ	RSQ	ERSQ	CCC	PSF	PST2
13	加拿大	芬兰	2	0.0143	.986	.	.	5.8	.
12	中国(文科)	中国(理科)	2	0.0163	.969	.	.	5.8	.
11	法国(文科)	法国(理科)	2	0.0283	.941	.	.	4.8	.
10	CL13	韩国	3	0.0359	.905	.	.	4.2	2.5
9	CL10	日本	4	0.0441	.861	.	.	3.9	1.8
8	英国	美国	2	0.0530	.808	.	.	3.6	.
7	澳大利亚(专业)	CL11	3	0.0611	.747	.	.	3.4	2.2
6	澳大利亚(基础)	CL8	3	0.0766	.671	.	.	3.3	1.4
5	CL6	CL9	7	0.0898	.581	.	.	3.1	2.0
4	CL5	南非	8	0.1100	.471	.	.	3.0	2.1
3	CL4	CL12	10	0.1330	.338	.	.	2.8	2.4
2	CL7	荷兰	4	0.1507	.187	.281	-1.5	2.8	3.4
1	CL3	CL2	14	0.1871	.000	.000	0.00	.	2.8

图 7－13　用离差平方和法对不同课标的聚类过程

进行聚类分析，分成三类较为合适。

第一类：加拿大，芬兰，韩国，日本，美国，英国，中国（文科），中国（理科），南非，澳大利亚（基础）；

第二类：法国（文科），法国（理科），澳大利亚（专业）；

第三类：荷兰。

3．结果分析

从上面的分析可知，用类平均法和离差平方和法对 14 个课标进行聚类分析，结果有一些相似之处。即用离差平方和法进行聚类相当于在用类平均法进行聚类分成的五类基础上，将南非和澳大利亚（基础）两个课标也合并到了{加拿大，芬兰，韩国，日本，美国，英国，中国（文科），中国（理科）}这个大类中。而{荷兰}与{法国

（文科），法国（理科），澳大利亚（专业）}这两类却不能再进行合并了。

法国（文科），法国（理科），澳大利亚（专业）三个课标之所以能合并成一类，是因为：1. 三者所含概率统计知识点个数相差不大，分别为 37，46，38；2. 所含知识点认识水平分布有相似之处，三者的知识点中的"理解"层次所占比例分别为73%，72%，66%，相差不大；3. 三者所含核心知识模块方面，概率知识的广度、深度、难度均多于统计，法国（理科）与澳大利亚（专业）两个课标所含概率知识的难度分别为 1.42 和 1.38，很接近；4. 法国（文科）与法国（理科）两个课标为同一个国家制定，因此所含知识点的情况有诸多相似之处。

荷兰课标中所含概率统计知识点的广度、深度、难度在所有课标中的排名均位列前茅。可以说，荷兰课标中的概率统计的知识点是所有课标中较广、较深、较难的，因此，将其自己作为一类也在情理之中。

南非与澳大利亚（基础）两个课标若用类平均法进行聚类，则二者都可自成一类，若用离差平方和法进行聚类，则二者可以合并到{加拿大，芬兰，韩国，日本，美国，英国，中国（文科），中国（理科）}这个大类中，这说明二者相对于其他课标而言，还是有一些自己的特色的。首先，南非课标是所有课标中在"概率与统计两部分知识穿插安排"方面最为明显的，其所含知识点的广度、深度、难度排名相对而言均较为靠前，对概率统计知识点的认知水平分布方面，南非课标是所有课标中，所含"了解"层次最少的，仅为 5%。而澳大利亚（基础）课标也较为特殊，虽然其与澳大利亚（专业）课标均为澳大利亚所制定，但二者差异还是很大的。此课标与其他课标最大的区别在于其所含统计知识的广度、深度、难度均远远大于其所含概率知识的广度、深度、难度，而且在 14 个课标中是最明显的。

（二）对知识点进行聚类分析

对知识点进行聚类分析与对课标进行聚类分析不同。我们并不关心哪些知识点在设置上比较相似，我们关心的是哪些知识点比较受重视，而哪些知识点不受重视。为此，我们需要考察两个方面，一方面是各知识点在课标中出现的频率，另一方面是各课标中对于某一知识点的认知水平的要求层次。如果某个知识点在很多课标中都出现，或者这些课标对这一知识点要求比较高，那么这个知识点就是受重视的。为此，先计算出现在 20 个课标中概率统计的知识点深度的平均值，然后将得分值从高到低排序，分成四组。那么这四组知识点就可以分别代表最受重视的知识点，次受重视的知识点，次不受重视的知识点和最不受重视的知识点。聚类结果如表 7-1 所示。

表7-1 概率统计知识点受重视程度统计表

受重视程度	知 识 点
最受重视	正态分布,平均值,概率的加法定理,概率的乘法定理,方差,标准差,概率分布,随机抽样,收集数据,二项分布,二项分布的均值,概率的意义,数学期望,数据分析,独立事件,散点图,直方图,四分位数,独立重复试验,古典概率,频数频率,大数定律,中位数,数据整理,离散型随机变量,盒式图,对立事件,对立事件的概率求法
次受重视	条件概率的含义,条件概率的求法,标准正态分布,线性相关,用树形图计算概率,用维恩图计算概率,相关系数,样本,茎叶图,互斥事件,用样本估计总体,四分位距,列联表,用概率方法解决实际问题,事件与基本事件,二项分布的方差与标准差,线性回归,条形图(柱状图),饼状图,区间估计,随机变量,总体,样本空间,连续型随机变量,均匀分布,置信区间,统计模拟,概率密度函数,最小二乘法,交事件,并事件
次不受重视	分类数据,折线图,拟合直线,显著性检验,样本比例,波动范围,全概率,分层抽样,随机数,用结果表计算概率,用模拟方法估计概率,简单随机抽样,量化数据,众数,残差图,内插法,外插法,独立性检验,实际推断原理,聚类分析,置信度,指数分布,零假设,备择假设,单面假设,双面假设,用表格表示资料,用图表示资料
最不受重视	蒙特卡罗方法,几何概型,系统抽样,频数多边形,中心极限定理,肩形图,极差,移动平均数,全距,频率密度,分布参数,离群值,超几何分布,顺序变量,名称变量,扇形图,相应变量,解释变量,数据的偏度,多元随机变量,贝叶斯定理,泊松分布,穷举事件,接受域,拒绝域,第一类错误,第二类错误,检验统计量,假设检验的操作特点,P值,总体均值检验,使用特征曲线,符号检验,马尔科夫链,根号n法则,棣莫弗-拉普拉斯定理

由上表可知,在最受重视的知识点中,中国(理科)课标未涉及的有"盒式图"与"四分位数",由于文科生不学选修2-3中的概率部分,所以这部分中的随机变量、二项分布、正态分布等内容,中国(文科)课标中是没有涉及的。在次受重视的知识点中,"四分位距"和"置信区间"是中国课标中所没有的。在最不受重视的知识点中,几何概型、系统抽样、超几何分布只有中国课标涉及。

第五节 结论和启示

通过对上述课标的比较研究与分析,结合知识广度、知识深度、知识难度和知识分析的结果,可以得到下列主要的结论和启示。

一、研究结论

(一) 荷兰课标的广度、深度和难度都名列前茅

广度排名前三名为荷兰课标、法国(理科)课标、中国(理科)课标;后三名为俄罗斯(基础)课标、俄罗斯(专业)课标、加拿大课标;深度排名前三名为日本课标、荷兰课标、南非课标;后三名为中国(文科)课标、澳大利亚(基础)课标、韩国课标;难度排名前三名为荷兰课标、法国(理科)课标、南非课标;后三名为澳大利亚(基础)课标、加拿大课标、芬兰课标。而且,通过对课标的聚类分析,我们发现荷兰的课标自成一类,法国(文科)、法国(理科)与澳大利亚(专业)三个课标较为相似,南非与澳大利亚(基础)两个课标均自成一类,其余课标可归做一个大类。

(二) 中国课标对于概率统计的要求"广而不深"

本章通过比较各国课标,对其涉及的概率统计内容进行量化分析,其中对广度、深度和难度分析的结果或许出乎很多人的意料,中国课标对于概率统计内容的要求是"广而不深"的。广度较大,涉及的知识点较多,但对于知识点的要求并不高,因此在深度方面,中国的文理科课标在 14 个课标中分别排在了倒数第三位和倒数第四位。难度方面,中国(理科)课标也并非如人们所想的"遥遥领先",而只是排在了第六位。荷兰、法国(理科)、南非、澳大利亚(专业)、日本的课标中概率统计内容的难度均高于中国(理科)课标。

韩国和澳大利亚(基础)课标在"了解"层次占比最高;英国课标在"理解"层次占比最高;荷兰课标在"掌握"层次占比最高;日本课标在"灵活运用"层次占比最高。中国课标"了解"层次和"理解"层次所占比例都大,"掌握"层次和"灵活运用"层次所占比例都较小。这在一定程度上反映出中国课标对于学生在概率统计这方面的要求较低。而且,对知识点的聚类过程发现,在所有课标中最受重视的知识点,中国课标未涉及"四分位数"和"盒式图"。在最不受重视的知识点中,有的只在中国课标中出现,如几何概型、超几何分布、系统抽样等。

二、研究启示

(一) 课程标准需要落到实处

从各国概率统计知识点的广度、深度、难度的对比来看,中国(理科)课标的概

率统计这三方面都是较高的,中国(文科)课标相对较低。但中国课标的编写给人的感觉是比较"温和",需要"掌握""灵活运用"的知识点并不是很多,然而课标的编写与高中教师的实践教学之间还有一定距离,很多教师在实际教学时,对课标的关注并不够,出于对高考这个指挥棒的考虑,对学生在掌握知识点的要求方面拔高的现象在一定程度是存在的。因此,要想使课标真正的落到实处,还需要一线教师转变观念,切实从学生的发展角度考虑问题,恰当地把握对某些知识点的教学要求。另外,高考指挥棒也应指对方向,即对于课标要求较低的知识点,在高考中出现的题目相应的难度也需要较低,这样对于教师重视课标,重视学生发展会起到一定的作用。

(二)课标中概率统计知识点不能草草进行增删

中国课标的知识点覆盖还是比较合理的。关于中国课标知识点中的"异类",即"几何概型""系统抽样""超几何分布",其他国家的课标中均未涉及,那么,我国是否应当"顺应国际趋势",将这些知识点删掉呢? 笔者认为,不能草草地这样决定。原因如下:

1. 课程标准与教材并不一定完全一致,课标中未涉及的知识点,教材中未必一定不涉及。因此,在我国课标中涉及的比较"另类"的知识点,有可能其他国家的教材中会涉及,学生也是会学到的;

2. 每个国家都有自身独有的情况,国情不同,经济发展状况也不同。而数学这门学科与经济发展的关系极为密切,因此国家在制定课标时,设置哪些知识点,不设置哪些知识点,需要考虑的情况很多。因此有些知识点的设置是符合自身国家的发展状况与发展需要的,不能一概论之,应具体情况具体分析。

那么,对于国外很多国家都设置,而我国却未涉及的知识点,如"四分位数"与"盒式图"等,我国是否应当将这些知识点补充上,从而"与国际接轨"呢? 笔者认为,这同样不能"一拍脑袋"就做出决定。而应当仔细分析这些知识点是否与我国现有的概率统计知识体系相融合,是否对于学生的能力发展确有帮助。另外,这里还要考虑到学生的学业负担问题,不能盲目地增加知识点,而过分加重学生的课业负担。若经过论证之后,这些知识点确实应当添加,那么也应该先取样本进行验证,然后再进行推广。

总的来说,课程标准应与时俱进,知识点的设置也应适当调整。但涉及知识点的增删问题时,一定要谨慎。经过仔细的论证之后,方可实行。另外,为了不给学生造成过重的课业负担,最好在增加某些较为实用的知识点的同时,删掉那些"繁难偏旧"的知识点,从而使课标中知识点的设置更加科学、合理。

第八章／高中数学"微积分"内容的国际或地区比较与分析

本章考察了多国或地区 14 个课标中的微积分内容,并进行比较细致的定量和定性分析。定量分析包括广度、深度、难度、内容分布、聚类分析;定性分析包括分析核心概念、命题的引入和处理方式。得出的部分结论如下,选基础水平或理科的课标作为代表,绝对难度从大到小排名:法国(理科)、澳大利亚(基础)、英国、韩国、中国(香港应用)、俄罗斯(基础)、新加坡、中国(台湾理科)、中国(人教理科)、加拿大;分别按课标、知识点聚类分析,得出了微积分内容设置比较相似的课标分类和知识点受重视程度相似的一些分类。通过比较研究,对中国高中微积分课程发展与教学改革提供一些思考和建议[1]。

第一节 研究概述

一、研究的目的和意义

恩格斯说,"在一切理论的成就中,未必再有什么像 17 世纪下半叶微积分的发明那样,被看作是人类精神的最高胜利了"。著名数学家克兰(Kline)指出,微积分是"继欧氏几何之后,全部数学中的一个最大的创造"。微积分有非常广泛的应用,18 世纪中叶,许多数学家就认为,"自然科学上的任何问题,只要做到从数学上来理解,也就是说,找到它的正确的数学描述,就可以借助于解析几何与微积分而获得解决。"然而,究其特性,比较难以掌握。我国《普通高中数学课程标准(实验)》已

---

〔1〕 张玉环,王沛.高中微积分课程国际比较研究——基于十个国家和地区的十四个课标研究[J].数学教育学报,2016,25(2):36-43.

实施十多年,其中微积分的内容和要求存在较大争议,并且中国高中微积分教与学现状存在诸多问题,比如学生对该部分内容理解情况不理想,死记硬背应付考试现象比较严重,并且比较缺乏应用意识;大部分教师会补讲数列极限知识,课标要求的课时不够用;学生一致反应教材应该注重基础和概念,再讲细一点,知识跨度不要太大;大部分教师也希望微积分能够避开传统的极限,让微积分更直观等[1]。为此,以发达国家或地区课标中的微积分内容为研究对象,通过定量与定性相结合的方法进行分析、比较,得出微积分内容设置的国际经验。

二、"微积分"国际比较现状

微积分的国际比较研究主要关注某一个国家或地区的课标、教材,举例如下[2]。孙宏安对中国、俄罗斯、英国和日本的高中数学教材中的微积分部分进行比较,从教材的课题选择、概念引入、课程目标等方面分析各自的特点,为教材改革开阔了视野[3]。陈宁、陈勤选择美国、日本、俄罗斯进行相关国际比较,提供了一些国外教学的相关经验[4],但比较的内容并不细微。王奋平、郭丽萍对中韩高中微积分进行比较,详细列举了中韩两国最新课标中微积分内容,并进行了评析。韩国高中数学中微积分知识比中国高中数学中微积分内容更多、难度更大;韩国微积分的学习内容难度呈现螺旋式上升态势;两国微积分内容的安排体现了为大学学习数学的预备;中韩对极限的处理有很大的不同等[5]。黄邦杰、孔德宏介绍了2007年开始使用加拿大安大略省数学课标中的微积分内容[6]。王奋平在英国资格评估与认证联合会(AQA)数学A水平考试内容介绍中介绍了2009年的微积分

[1] 张玉环.高中微积分教与学现状调查研究[J].课程·教材·教法,2012(8):83-89.

[2] 张玉环.中法高中数学课程比较研究[D].北京:首都师范大学,2013:88-91.

[3] 孙宏安.中外高中数学教材比较(微积分部分)[J].大连教育学院学报,2000,16(4):37-42.

[4] 陈宁,陈勤.从国外微积分教学改革的基本状况看我国微积分教学改革[J].中学数学教学参考,2006(8):54-56.

[5] 王奋平,郭丽萍.中、韩高中微积分学习内容比较研究[J].中学数学教学参考,2010(6):68-70.

[6] 黄邦杰,孔德宏.简析加拿大安大略省11、12年级数学课程标准[J].课程教材教学研究,2008(39/40):4-11.

内容〔1〕。因为该考试内容每年更新一次,有一定的实效性。因此,本章主要关注 2013 年公布的英国 AQA 数学 A 水平考试微积分内容。马菁在《中英高中微积分教学比较》中,以克吕维尔学术出版集团(Kluwer Academic Publishers Group)出版社 2003 年出版的英国教科书与我国苏教版高中教科书为例,从高中阶段微积分内容选择以及两国高考中微积分部分试题等方面进行比较〔2〕。分析比较细微,有一定的参考价值,但现在英国的教科书、课标都已经更新,并且也缺乏一定的量化分析。朱文芳介绍了 2004 年俄罗斯基础水平课标中的微积分内容〔3〕。朱文芳对俄罗斯柯尔莫戈洛夫编著的 10～11 年级教材《代数与数学分析初步》教材进行了分析,该教材 2003 年出版,在俄罗斯影响比较大,这是一本高中基础水平的分析教材〔4〕。但是该教材并没有分析微积分的另一必备知识数列极限,因此本文需要再参考其他的文献,来确定数列极限的知识。倪明等介绍了 2004 年俄罗斯实施的基础水平和专门水平的微积分内容〔5〕。任晓峰对 2009 年新加坡颁布的考试大纲与中国 2003 年颁布的新课标中的微积分内容进行比较分析〔6〕。但是,并没有把微积分的内容及具体要求呈现出来。

大部分文献仅考虑"微分"与"积分",而忽视了学习微积分的一个重要前提"极限"。对高中微积分进行大范围国际比较的文献〔7-8〕较少,并缺乏量化分析。因此,选择多个发达国家或地区、或国际数学教育比较项目排名比较靠前的国家或地区的高中数学课标中的微积分内容,进行比较细致的定量与定性分析。定量分析包括广度、深度、难度、认知水平分布、核心模块知识分布、聚类分析;定性分析即分

〔1〕 王奋平.英国 AQA 数学 A 水平考试内容介绍[J].中小学数学,2009(7/8):77-79.

〔2〕 马菁.中英高中微积分教学比较[D].苏州:苏州大学,2010:2-3.

〔3〕 朱文芳.俄罗斯国家数学教育标准简介——高中部分[J].数学通报,2009,48(1):17-21.

〔4〕 朱文芳.俄罗斯 10—11 年级代数教材编排特点简介[J].课程·教材·教法,2007,27(7):89-92.

〔5〕 倪明,熊斌,夏海涵.俄罗斯高中课程改革的特色——数学课程普通教育与英才教育并举[J].数学教育学报,2010,19(1):12-16.

〔6〕 任晓峰.中国新加坡两国高中微积分课程难度的比较研究[D].苏州:苏州大学,2009:1-3.

〔7〕 孙宏安.中外高中数学教材比较(微积分部分)[J].大连教育学院学报,2000(4):37-42.

〔8〕 陈宁,陈勤.从国外微积分教学改革的基本状况看我国微积分教学改革[J].中学数学教学参考,2006(8):54-56.

析核心概念、命题的引入方式、处理方式。最后,对中国高中微积分课程的设置提供若干思考与建议。研究内容包括导数、定积分、不定积分这些核心概念,还包括数列极限、函数极限、连续、数值积分、微分方程,力求做到全面、系统、客观。

三、课标选取

本章选取中国、韩国、新加坡、法国、俄罗斯、英国、加拿大、澳大利亚等多个国家或地区的课标作为研究对象。其中,中国选取前言中提及的课标(理科部分)、台湾地区的理科课标[1],中国香港地区的偏理论和偏应用的两个课标[2],澳大利亚选取基础和专业两个课标,法国选取文科和理科两个课标,俄罗斯选取基础和专业两个课标。由于这四个国家或地区选取的课标不止一个,为了便于区分,分别记为中国(人教理科)、中国(台湾理科)、中国(香港理论)、中国(香港应用)、澳大利亚(基础)、澳大利亚(专业)、法国(文科)、法国(理科)、俄罗斯(基础)、俄罗斯(专业)。另外,英国选取2013年公布的AQA中的纯核心数学模块(不包括进阶课程)[3],加拿大选取安大略省课程标准[4],其他国家或地区课标如前言所述。总之,一共选取14个课标作为研究样本进行分析和比较。

四、研究方法

主要采用定量与定性分析相结合的方法,其中定量分析包括广度、深度、难度、认知水平分布、核心模块知识分布、聚类分析。

首先,知识点确定方面,为了做到客观,尽可能选择最小的知识点,并且力争不重不漏。再者,内容分布具体包括认知水平分布与核心模块知识的分布,也即研究各课标知识点关于认知水平如何分布? 各占多大比例? 微积分内容的主要模块:数列极限、函数极限、函数连续、微分学、积分学、微分方程所占比例如何? 各国家或地区有何侧重? 具体操作要依据知识点的广度、深度和难度。广度和深度计算参见第三章,其中深度计算略有差异,结合微积分部分各课标的特点,认知水平只分为"了解""理

---

[1] 中国台湾地区2010年开始实施.

[2] 中国香港地区2007年颁布.

[3] 英国教育部. 英国高中数学课标网站[EB/OL]. http://web. aqa. org. uk/qual/gce/maths,2013.

[4] 黄邦杰,孔德宏.简析加拿大安大略省11、12年级数学课程标准[J].课程教材教学研究,2008,(39/40):4-11.

126

解""掌握"三个水平。另外,难度计算参见第七章,聚类分析界定参见第三章。最后,注意比较的信度和效度。实施比较教育最应当讲究比较的信度和效度。研究从比较的对等性、文本的代表性、量化工具的客观性、统计数据的正确性做到比较的信度和效度。第一,比较的对等性和文本的代表性,微积分国际比较选用多个国家或地区的比较权威、有代表性的 14 个课标。第二,量化工具的客观性,研究参考了大量文献,并访谈许多相关人员,确定出比较合理、客观的统计标准和量化模型。第三,统计数据的正确性,让三人进行三次重复的统计,以保证结果的一致性和正确性。

第二节 知识广度的国际或地区比较与分析

一、知识点确定

知识点的确定方面,为了做到客观公平,尽可能选择最小的知识点,比如高阶导数这一知识点,为了考察的比较详细,专门列出了二阶导数、三阶及以上导数两个知识点。概念、法则的呈现方式与概念、法则的认知要求分开统计,比如导数的四则运算,该法则呈现的难度与具体的认知要求并无必然的联系。并且要综合考察这多个国家或地区的 14 个课标的内容要求,不能有漏、重的情况出现。稍大的知识模块分为 8 个:数列极限、函数极限、函数连续、导数、不定积分、定积分、数值积分、微分方程。"微积分"的知识点详见表 8-1。

表 8-1 "微积分"的知识点

数列极限	数列极限的概念; 数列极限性质:保序性(或夹逼定理); 数列极限的四则运算法则; 等比数列的极限; 无穷等比数列和的极限; 无穷数列的极限; 数列收敛的定义; 收敛判定定理:有界的严格单调增数列收敛; 无限级数的收敛	函数连续	函数的连续性定义; 介质性定理; 介质性定理的应用; 函数连续判定:可导必连续,子区间连续则全区间连续; 连续的性质:延拓
函数极限	函数极限的概念; 复合及四则运算法则; 极限的计算; 几何解释:渐近; 性质:保序性	导数	变化率; 某点处导数的定义; 几何意义:切线; 梯度、法向量; 局部线性逼近; 导函数的概念; 四则运算法则; 复合函数求导:链式法则; 幂函数导数;

（续　表）

导 数	正弦、余弦导数； 指数函数导数； 对数函数导数； 导数的计算（复杂程度）； 2阶导数概念； 3阶及以上导数； 偏导数； 反函数求导； 含参数函数求导； 隐式函数求导； 微分中值定理； 有限增量不等式； 单调性； 极值； 最值； 稳定点； 凸凹性拐点； 绘图、研究函数特性； 实际应用	不 定 积 分	变量代换法； 不定积分的计算； 有理函数的不定积分
		定 积 分	定积分定义； 定积分的几何意义； 定积分性质：线性性、可加性、保号性； 周期函数、奇偶函数的定积分； 变量代换、分部积分法求定积分； 定积分的计算（复杂程度）； 变上限积分； 变上限积分存在性：区间上连续函数存在原函数； 微积分基本定理； 函数的平均值； 定积分的应用
不 定 积 分	不定积分、原函数的概念； 原函数的性质：同一函数的原函数相差一个常数； 不定积分线性性质； 分部积分法；	数 值 积 分	数值积分：梯形公式； 数值积分：辛普森公式
		微分 方程	常系数线性齐次一阶微分方程的解； 分离变量法

二、广度比较

对韩国、法国（理科）、法国（文科）、中国（台湾理科）、中国（香港应用）、中国（香港理论）、澳大利亚（基础）、澳大利亚（专业）、加拿大、新加坡、英国、中国（人教理科）、俄罗斯（基础）、俄罗斯（专业）等国家或地区的课标进行知识点的广度分析，并按广度从大到小进行排序，并绘制图8-1。

如果选基础水平或理科的课标（并非数学、物理类的专业课标）作为代表，按广度排名，依次是法国（理科）、澳大利亚（基础）、英国、韩国、中国（香港应用）、新加坡、俄罗斯（基础）、中国（台湾理科）、中国（人教理科）、加拿大。知识点最多的课标是法国（理科）课标，共43个。中国（人教理科）课标"微积分"知识点18个，居倒数第二位。这与我国高中课程改革降低微积分的难度和要求的理念相符。

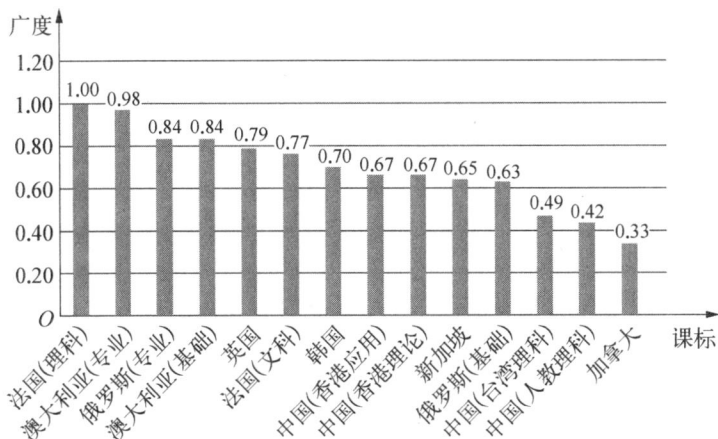

图 8‑1　微积分内容广度排名

第三节　知识深度的国际或地区比较与分析

一、"微积分"总体知识深度

各课标中微积分的深度从大到小排名见图 8‑2。统计数据说明,课标的广度和深度有一定的相关性,也有一定的差异性。如,法国(文科)课标在广度中排名第六,在深度中则排名第十。中国(香港理论)课标在广度中排名第九,在深度中排名第六。

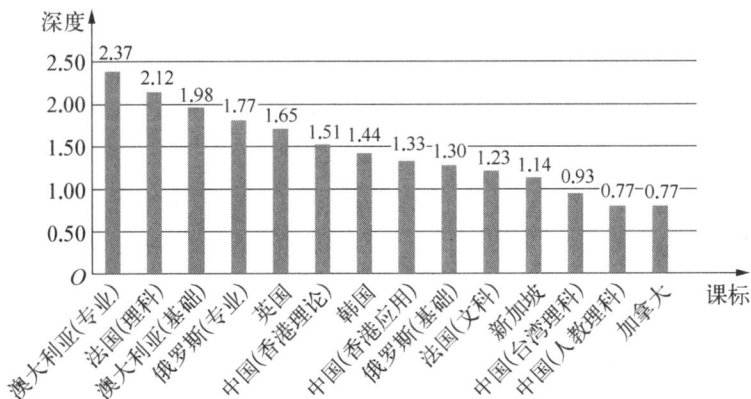

图 8‑2　微积分内容的深度统计

如果选基础水平或理科的课标作为代表,按深度排名,依次是法国(理科)、澳大利亚（基础）、英国、韩国、中国（香港应用）、俄罗斯（基础）、新加坡、中国（台湾理科）、中国（人教理科）、加拿大。法国（理科）的微积分内容的深度值最大，中国（人教理科）课标微积分内容的深度排名倒数第二。

二、"微积分"总体知识难度

因难度是广度和深度的综合，因此难度排名与前两者的排名有些变化。由图8－3知，法国（理科）课标微积分内容的难度排名第二，中国（人教理科）课标微积分内容排名倒数第二。

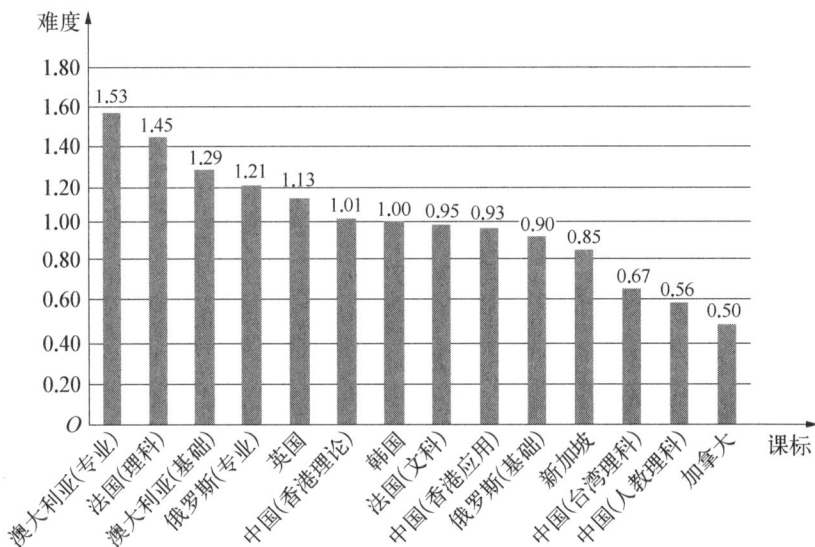

图 8－3　微积分内容的难度统计

如果选基础水平或理科的课标作为代表，按难度排名，依次是法国（理科）、澳大利亚（基础）、英国、韩国、中国（香港应用）、俄罗斯（基础）、新加坡、中国（台湾理科）、中国（人教理科）、加拿大。法国（理科）课标的微积分内容绝对难度最大，加拿大课标微积分内容难度最小，中国（人教理科）课标微积分难度倒数第二。

三、"微积分"认知水平的分布

由图8－4可以看出，14个课标中指"了解""理解""掌握"三个层次的认知水平的分布有差异，比如俄罗斯的两个课标中的"理解"层次要求较多，"了解"层次水平的知识点最少。澳大利亚(专业)、中国(香港理论)、加拿大课标中"了解"层次要求的知识点少于10%,法国(文科)、新加坡课标的"了解"层次水平知识点占40%左右,中国(人教理科)课标"了解"层次知识水平知识点占33%,中国(香港应用)课标中"了解"水平知识近28%。法国(文科)课标"掌握"层次水平知识点占3%,新加坡、中国(台湾理科)课标"掌握"水平知识点近14%,澳大利亚两个课标中"掌握"层次水平知识点近50%,因此这两个课标的绝对难度比较大。

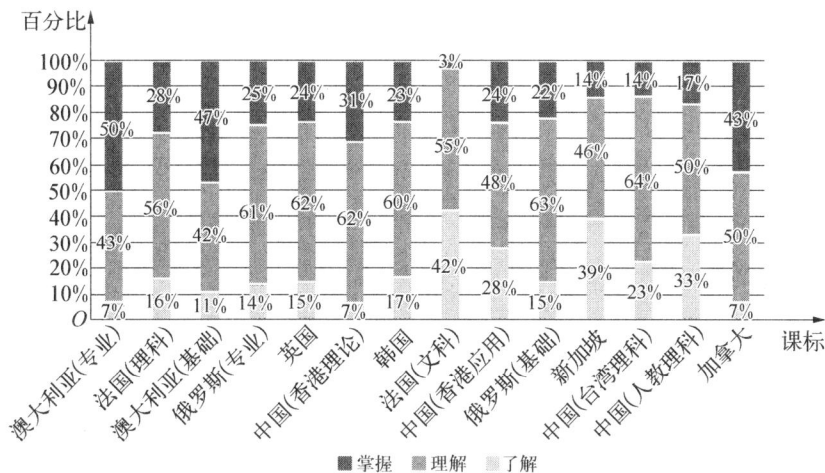

图8-4　三个认知水平(知识点个数)所占比重

四、"核心模块知识"的分布

为了全面、系统、客观地研究,综合考虑14个课标涉及的微积分内容,探讨的内容模块包括数列极限、函数极限、连续、导数、积分、微分方程等6个模块内容,以下称"核心模块知识"。14个课标各有特色,各核心模块知识所占比例如何? 各国家或地区有何侧重? 值得探究。

图8-5显示了各核心模块知识的广度在本课标微积分内容中所占的比重。由图8-5可以看出,所有课标都包含导数内容,并且占了很大比重。积分部分只有加拿大课标没有涉及。数列极限部分,中国(香港理论)、中国(香港应用)、新加坡、中国(人教理科)这4个课标没有涉及。图8-6显示了各课标的核心模块知识深度及其在本课标中所占比重。加拿大课标的微积分深度值最小,其导数部分占了非常大的比例。相比较来说,法国(理科)课标中导数的深度所占比例最少,33%左右。图8-7表示各核心模块知识的难度在各课标中所占的比例。各课标中数

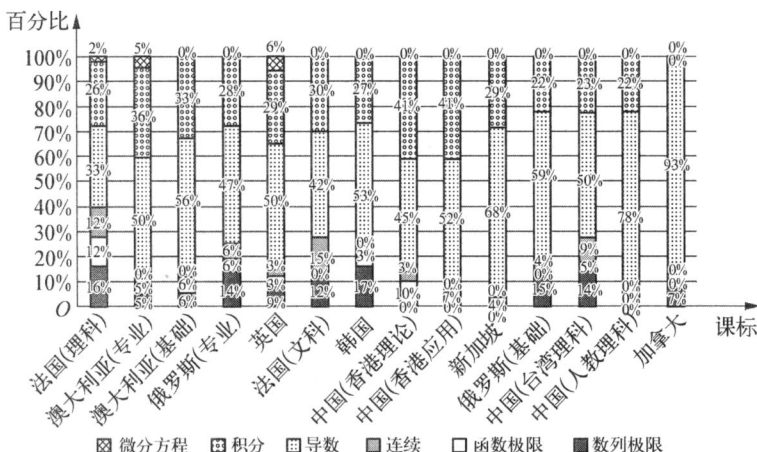

图 8-5　核心模块知识的广度在本课标微积分中所占比重

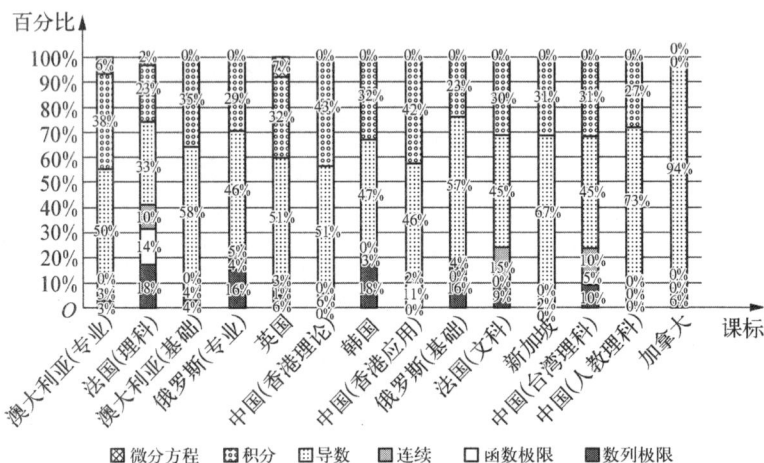

图 8-6　核心模块知识的深度在本课标微积分中所占比重

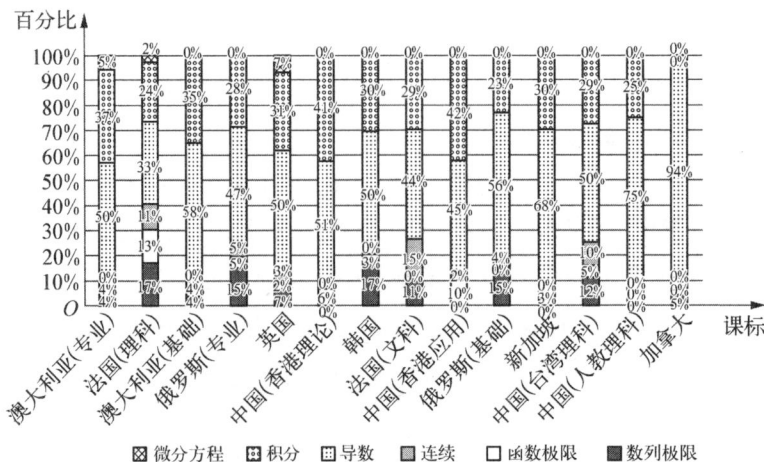

图 8-7　核心模块知识的难度在本课标微积分中所占比重

列极限、连续、函数极限的难度值见图 8－8。可以看出，法国（理科）课标对极限要求最高，其次是俄罗斯（专业）课标，而中国（人教理科）课标要求最低。各课标中导数、积分、微分方程的难度值见图 8－9。可以看出，每个课标中的导数部分都比积分部分难度值大。只有澳大利亚（专业）课标、法国（理科）课标、英国课标有微分方程的内容，其中法国（理科）课标中的微分方程并没有单独列出，而是放在了指数函数、对数函数及其导数部分。

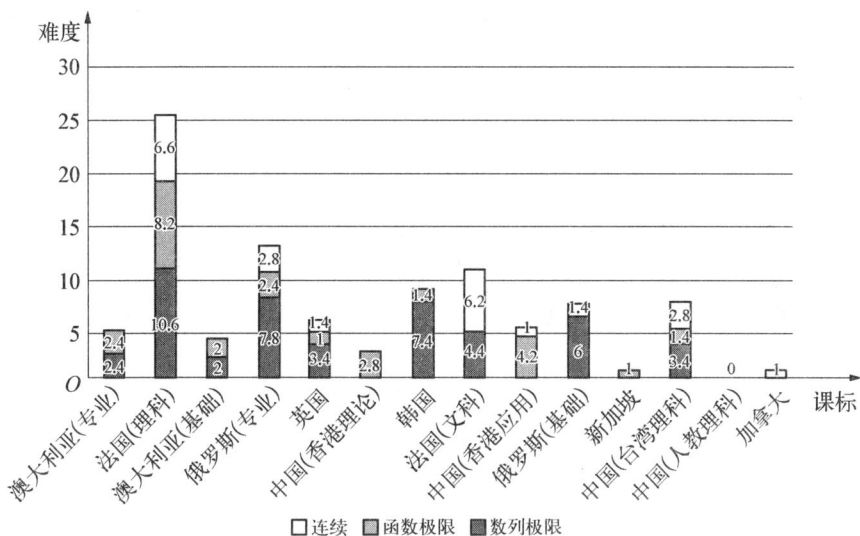

图 8－8　极限模块知识的难度值统计

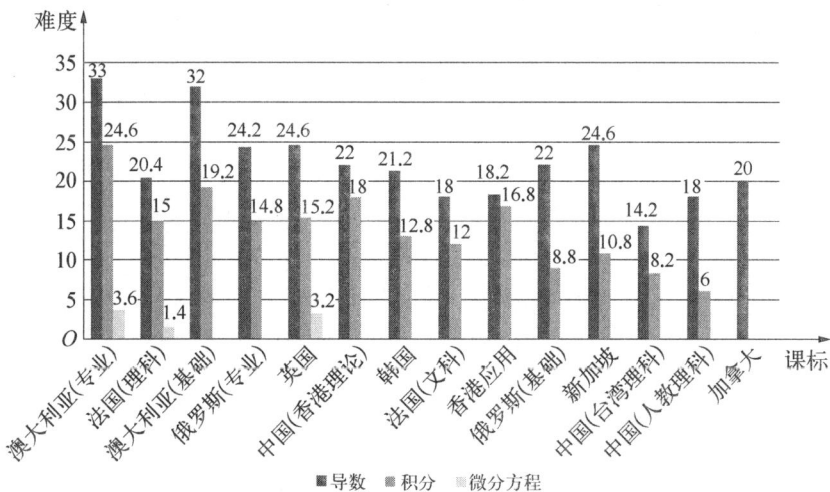

图 8－9　微分、积分、微分方程模块的难度值

由于积分这一模块包括不定积分、定积分、数值积分，为了解各课标对这三部分的重视程度，特把积分内容分小模块来比较分析。积分部分各小模块难度值见

图 8-10。积分部分绝对难度从大到小依次是澳大利亚(专业)、澳大利亚(基础)、中国(香港理论)、中国(香港应用)、英国、法国(理科)、俄罗斯(专业)、韩国、法国(文科)、新加坡、俄罗斯(基础)、中国(台湾理科)、中国(人教理科)、加拿大课标。

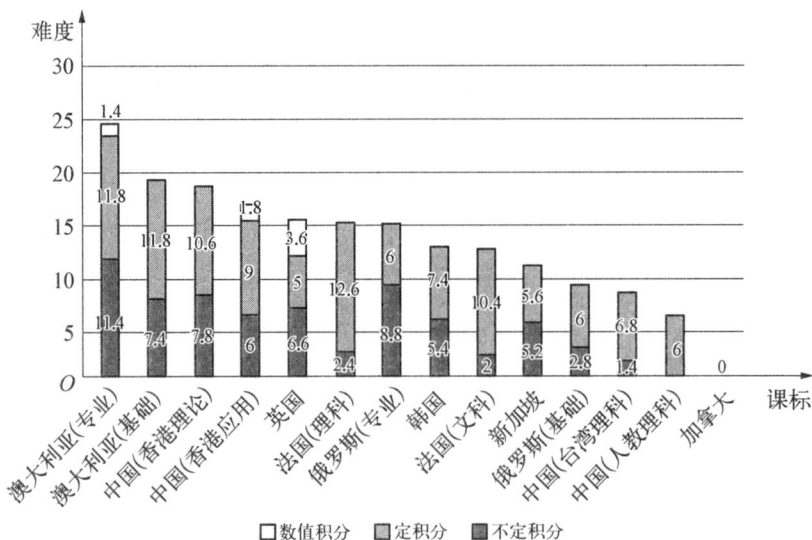

图 8-10　积分部分各模块的难度值

　　每个课标中的不定积分、定积分、数值积分占积分部分的比重见图 8-11。可以看出,澳大利亚(专业)课标、新加坡课标中定积分内容与不定积分内容比例差别不大,俄罗斯(专业)课标、英国课标中定积分内容稍微比不定积分内容少一些,其他课标定积分内容比不定积分多,其中中国(台湾理科)、法国(理科)、法国(文科)这几个课标差别较大。中国(人教理科)课标没有涉及不定积分内容。

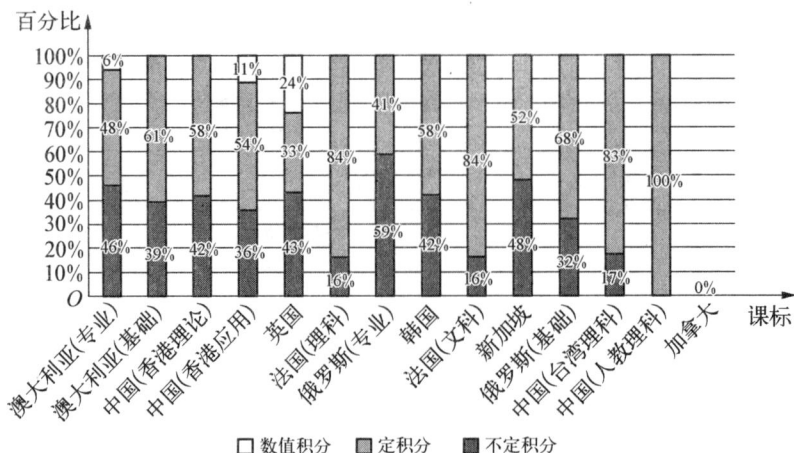

图 8-11　积分三个模块占积分内容的比重

第四节　知识分布的国际或地区比较与分析

一、用聚类分析方法进行分类

用类平均法与离差平方和法分别对课标和知识点进行聚类分析,期望得到微积分设置相似的课标分类和知识点受重视程度相似的知识点分类。

1. 对课标进行聚类分析

(1) 类平均法聚类分析

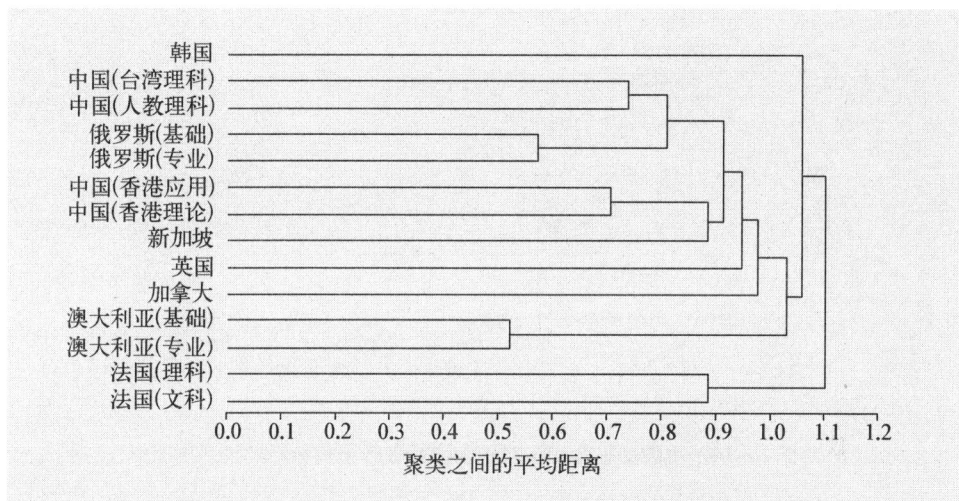

图 8 - 12　用类平均法对不同课标进行聚类分析的谱系图

NCL	--Clusters	Joined---	FREQ	SPRSQ	RSQ	ERSQ	CCC	PSF	PST2	Norm RMS Dist
13	澳大利亚(基础)	澳大利亚(专业)	2	0.0206	.979	.	.	4.0	.	0.5181
12	俄罗斯(基础)	俄罗斯(专业)	2	0.0252	.954	.	.	3.8	.	0.5724
11	中国(香港应用)	中国(香港理论)	2	0.0385	.916	.	.	3.3	.	0.7072
10	中国(台湾理科)	中国(人教理科)	2	0.0410	.074	.	.	3.1	.	0.7074
9	CL10	CL12	4	0.0673	.807	.	.	2.6	2.0	0.8094
8	CL11	新加坡	3	0.0676	.739	.	.	2.4	1.8	0.8853
7	法国(理科)	法国(文科)	2	0.0605	.678	.	.	2.5	.	0.8872
6	CL9	CL8	7	0.1016	.577	.	.	2.2	2.1	0.9128
5	CL6	英国	8	0.0783	.499	.	.	2.2	1.4	0.9482
4	CL5	加拿大	9	0.0838	.415	.	.	2.4	1.4	0.9768
3	CL4	CL13	11	0.1578	.257	.	.	1.9	2.7	1.0286
2	韩国	CL3	12	0.1014	.155	.266	-1.8	2.2	1.5	1.0595
1	CL2	CL7	14	0.1555	.000	.000	0.00	.	2.2	1.1004

图 8 - 13　用类平均法对不同课标的聚类过程

由图 8－12 和图 8－13 可知,半偏 R^2 统计量 SPRSQ 表明分为两类、三类、四类比较好;R^2 统计量 RSQ 表明分为两类、三类、四类较好;伪 F 统计量 PSF 表明分为二、四类比较合理;伪 t^2 统计量 PST2 表明分为两类、四类都较好。综合可知,分为两类、四类都是比较好的。具体而言,分为两类的结果为,第一类:法国(文科)、法国(理科);第二类:其他课标。分为四类的结果为,第一类:韩国;第二类:法国(文科)、法国(理科);第三类:澳大利亚(专业)、澳大利亚(基础);第四类:其他课标。

(2) 离差平方和法聚类分析

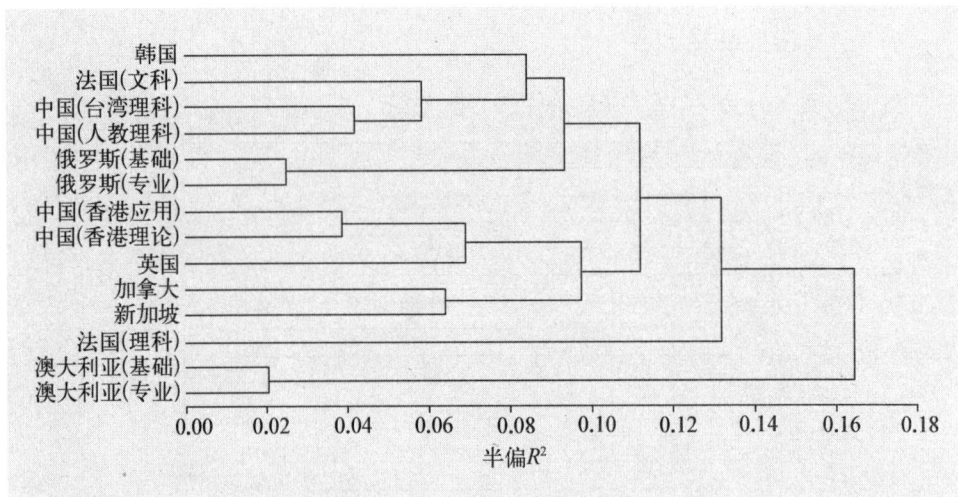

图 8－14　用离差平方和法对不同课标进行聚类分析的谱系图

NCL	--Clusters	Joined---	FREQ	SPRSQ	RSQ	ERSQ	CCC	PSF	PST2	Tie
13	澳大利亚(基础)	澳大利亚(专业)	2	0.0206	.979	.	.	4.0	.	
12	俄罗斯(基础)	俄罗斯(专业)	2	0.0252	.954	.	.	3.8	.	
11	中国(香港应用)	中国(香港理论)	2	0.0385	.916	.	.	3.3	.	
10	中国(台湾理科)	中国(人教理科)	2	0.0418	.874	.	.	3.1	.	
9	法国(文科)	CL10	3	0.0583	.816	.	.	2.8	1.4	
8	加拿大	新加坡	2	0.0638	.752	.	.	2.6	.	
7	CL11	英国	3	0.0690	.683	.	.	2.5	1.8	
6	韩国	CL9	4	0.0839	.599	.	.	2.4	1.7	
5	CL6	CL12	6	0.0934	.505	.	.	2.3	1.8	
4	CL7	CL8	5	0.0976	.408	.	.	2.3	1.7	
3	CL5	CL4	11	0.1118	.296	.	.	2.3	1.8	
2	CL3	法国(理科)	12	0.1319	.164	.266	-1.7	2.4	1.9	
1	CL2	CL13	14	0.1641	.000	.000	0.00	.	2.4	

图 8－15　用离差平方和法对不同课标的聚类过程

由图 8－14 和图 8－15 可知,半偏 R^2 统计量 SPRSQ 表明分为两类或者三类比较好;R^2 统计量 RSQ 表明分为两类、三类、四类较好;伪 F 统计量 PSF 表明分为两类最好,其次是三类、四类、五类比较合理;伪 t^2 统计量 PST2 表明分为两类、三类、四类都较好。综合可知,分为两类、三类、四类都是比较好的。

具体而言,分为两类的结果为,第一类:澳大利亚(专业)、澳大利亚(基础);第二类:其他课标。分为三类的结果为,第一类:澳大利亚(专业)、澳大利亚(基础);第二类:法国(理科);第三类:其他课标。分为四类的结果为,第一类:澳大利亚(专业)、澳大利亚(基础);第二类:法国(理科);第三类:新加坡、加拿大、英国、中国(香港理论)、中国(香港应用);第四类:其他课标。

(3) 结果分析

综合两个方法,中国(人教理科)与中国(台湾理科)课标、俄罗斯的两个课标、中国香港地区的两个课标、加拿大与新加坡课标、澳大利亚的两个课标的内容设置与要求最类似。下面分析原因。

中国(人教理科)与中国(台湾理科)课标相似原因分析。一方面,这两个课标的绝对难度都不大;另一方面,这两个课标各模块的受重视程度类似。中国(台湾理科)课标对极限要求较低,基本上是直观了解,而中国(人教理科)课标没有涉及极限内容;导数部分,都比较重视,但整体要求都不太高;对不定积分的要求都较低,中国(台湾理科)课标在不定积分中只涉及多项式函数的不定积分计算,并没有分部积分等,中国(人教理科)课标中则没有不定积分;定积分部分,中国(台湾理科)课标只涉及多项式的积分,这跟中国(人教理科)课标了解定积分定义、微积分基本定理的思想理念差不多,并且两个课标中定积分的知识点个数基本没差别。这两个课标都不包含数值积分、微分方程。

加拿大与新加坡课标相似原因分析。极限部分,加拿大课标讲数列极限,新加坡课标涉及函数极限。导数部分,新加坡课标有 19 个知识点,加拿大课标有 13 个知识点,且两国强调的内容类似,都关注一阶导数、二阶导数,并利用它们研究函数的特性、描绘图形。加拿大课标没有积分内容,新加坡课标对定积分、不定积分的要求也不高。

澳大利亚两个课标相似原因分析。两种聚类分析都把这两个课标分为一类。两课标中的微积分内容大致相同,只是澳大利亚(专业)课标对部分知识点要求稍高,并且多要求了不定积分技术、数值积分、定积分的应用以及微分方程。相比于其他课标,这两个课标内容分布比较全面,且整个难度水平较高。

俄罗斯两个课标相似原因分析。两课标在 6 个模块中的知识点个数分别为,数列极限:4,5;函数极限:0,2;连续:1,2;导数:16,17;积分:6,10,并且俄罗斯的专业课标对部分知识点的要求稍高。

中国香港地区的两个课标相似原因分析。这两个课标中的知识点个数分别为,函数极限:3,3;连续:1,0;导数:13,15;积分:12,12,两课标的知识点总数都是29,可见其相似程度。

接下来探讨使用离差平方和法分成四类的情况。据经验判断该方法分的比较合理,其分类结果受一个国家或地区有两个课标的影响不大。第一类:澳大利亚(专业)、澳大利亚(基础);第二类:法国(理科);第三类:新加坡、加拿大、英国、中国(香港理论)、中国(香港应用);第四类:俄罗斯(基础)、俄罗斯(专业)、中国(人教理科)、中国(台湾理科)、法国(文科)、韩国。下面进行原因分析。

已经分析过第一类的聚类成因。第二类只有法国(理科)课标,该课标的微积分知识点分布比较全面,且基本没有过于偏重某个较小模块,各模块所占比重为16%,12%,12%,33%,26%,2%,并且该课标的难度较大。第三类包括新加坡、加拿大、英国、中国(香港理论)、中国(香港应用)课标,这些课标中的微积分内容基本集中在导数与积分部分,且各知识点的认知水平分布也比较类似,数列极限、函数极限、连续、微分方程部分要求都较低。第四类包括俄罗斯(基础)、俄罗斯(专业)、中国(人教理科)、中国(台湾理科)、法国(文科)、韩国课标,这些课标中的微积分内容分布相对比较均匀,并不是只偏重某个知识点,并且导数部分知识点明显比积分知识点多。

2. 对知识点进行聚类分析

用离差平方和法与类平均法分别对知识点进行聚类,具体聚类过程不再详细说明。对分类情况进行分析时,需计算每一类知识点的难度平均值,并按数值从大到小排列,其平均难度越大表示该类知识点越受重视,于是得到知识点受重视程度相似的分类。

两种聚类方法建议分成两类、四类,若分成两类,结果基本一致,即把各个课标都重视的知识点、不重视的知识点分了出来。比如用类平均法得出比较重视的知识点有:数列极限的概念、某点处导数的定义、导数的几何意义、求导的四则运算、链式法则、幂函数求导、指数函数求导、对数函数求导、导数的计算、二阶导数、导数与单调性、极值、绘图、导数的实际应用、变量代换、不定积分的计算、定积分的定义、定积分几何意义、定积分的计算、微积分基本定理、定积分的应用。

根据经验判断,离差平方和法分的四类比较合理。对这四类知识点进行分析,可得最受重视、次受重视、次不受重视、最不受重视的知识点,具体见表8-2。总之,在最受重视的知识点中,中国(人教理科)课标没有数列极限概念、导函数概念(在我国1996年、2000年大纲中有)、二阶导数,其中正弦函数、余弦函数、指数函数、对数函数的求导公式,只要求会用,即会查导数表。最不受重视的知识点中,中国(人教理科)课标有"最值"。

表 8-2　离差平方和法分成四类的结果

受重视程度	知　　识　　点
最受重视	数列极限概念、变化率、某点处导数的定义、导数的几何意义、导函数概念、导数四则运算、链式法则、幂函数求导、正弦余弦函数求导、指数函数求导、对数函数求导、导数的计算(复杂程度)、二阶导数、函数的单调性、极值、导数的应用、定积分的定义、定积分的几何意义、定积分的计算、微积分基本定理、定积分的应用
次受重视	函数极限的概念、隐式函数求导、绘图、分部积分、变量代换、不定积分的计算
次不受重视	梯度与法向量、有限增量不等式、凸凹性、拐点、稳定点、原函数概念、原函数的线性性质、导数相同的原函数差一个常数、定积分性质、变上限积分
最不受重视	数列极限性质、数列极限四则运算、等比数列极限、数列收敛定理、收敛判定定理、无限级数收敛、函数复合及四则运算、函数极限的计算、渐近线、函数极限保序性、函数连续的所有知识点、局部线性逼近、三阶及以上导数、偏导数、反函数求导、含参数函数求导、微分中值定理、最值、有理函数的不定积分、周期与奇偶函数的不定积分、变量代换及分部积分求定积分、变上限积分的存在性、函数的平均值、数值积分、微分方程

二、定性分析: 概念、命题的处理

依据课标可以得出一些核心概念、命题的引入或处理方式。如中国(人教理科)课标能体现出:不引入极限具体概念,通过变化率引入导数,通过具体例子介绍微积分基本定理的思想等。

1. 导数的定义方式

法国(理科)高二年级介绍某点处的导数及导函数,但未给出极限的正式定义。当 h 趋于 0 时,增长率 $\frac{f(a+h)-f(a)}{h}$ 的极限定义为函数在某点处的导数。解释如下: 直线运动中从平均速度过渡到瞬时速度;计算机屏幕上图形表示的连续地带等。注解: 涉及极限词汇或概念时,以理解导数为最终目的,通过例子对它们进行图形上、直观上的理解。

英国课标, $f(x)$ 在一点处切线的梯度是 $f(x)$ 的导数,切线梯度是个极限,此时未正式讲极限,导数解释为变化率。

澳大利亚课标,从平均变化率来引入导数,同时非正式引入极限的计算,平均变化率取极限即是导数,解释其为瞬时速度、斜率、切线、梯度。

加拿大课标,先讲数列极限(求数列的极限值),然后介绍平均变化率、瞬时变化率,研究变化率与极值、斜率与单调性的关系,接着称瞬时变化率为导数。

俄罗斯课标,通过实例直观地给出导数的描述性定义:当增量 Δx 趋于零时,函数 f 在 x_0 点的导数是这个函数增量对自变量的增量的比 $\dfrac{\Delta y}{\Delta x} = \dfrac{f(x_0 + \Delta x) - f(x_0)}{\Delta x}$ 趋于的数值。

中国(人教理科)课标,经历由平均变化率过渡到瞬时变化率的过程,了解导数概念的实际背景,知道瞬时变化率就是导数。

其他课标没有明确说明导数的定义方式。

2. 导数与极限的顺序

法国(理科)在高中二年级先介绍导数,然后直观感受数列的极限,在高中三年级深入学习数列极限及收敛,介绍函数的极限及渐近线、连续函数,再深入介绍导数运算。新加坡课标,先提出对极限符号的使用,然后讲导数。中国(人教理科)课标则没有提极限,通过平均变化率来讲导数。英国课标未正式定义极限前,给出导数定义,在进阶课程再学习极限。其他课标先大致了解极限后,再学习导数、积分。

3. 正弦函数、余弦函数、指数函数、对数函数的导数

新加坡、俄罗斯和中国(人教理科)这三个课标都要求会使用正弦函数、余弦函数、指数函数、对数函数的导数公式,但不要求会计算、证明。其他课标要么不涉及该部分知识,要么会讲得明白一些,而不是直接给出公式。其中,法国(理科)介绍定理:在 $\mathbf{R}$ 上存在唯一一个可导函数 $f(x)$,满足 $f'(x) = f(x)$ 且 $f(0) = 1$。通过该定理引入 e^x,然后推广到方程 $f'(x) = kf(x)$,介绍指数函数。涉及指数函数的导数时,把指数函数在 1 处的导数与 $\dfrac{\ln(1 + x)}{x}$ 在零点的极限联系起来。对数函数方面,从指数函数性质或函数方程出发,介绍 $\ln(x)$ 及其导数。加拿大课标,证明余弦函数、正弦函数及指数函数的导数。

4. 定积分定义及微积分基本定理引入方式不同

法国(文科)先介绍区间上连续函数的原函数:f 和 F 是区间 I 上的函数,如果函数 F 在区间 I 上的导数为 f,那么 F 是 f 在区间 I 上的原函数。然后是定积分定义:设 f 在区间 $[a, b]$ 上连续,且 F 是 f 的一个原函数,则数值 $F(b) - F(a)$ 对于 f 的任何原函数 F 都相同,这数值称为 f 的由 a 到 b 的积分,记为 $\displaystyle\int_a^b f(x)\mathrm{d}x$。然后,

当函数的符号不变时,用面积对积分做几何解释。其实,该引入方式同时也承认了微积分基本定理。法国(理科)对于区间$[a,b]$上的正连续函数,作为曲线与x轴之间的面积引入符号$\int_a^b f(x)\mathrm{d}x$,再推广为任意符号函数的定积分。然后,介绍原函数的概念,引入变上限积分的定理:如果f是$[a,b]$连续且正的函数,F在$[a,b]$上可微,它的导数$F(x)=\int_a^x f(t)\mathrm{d}t$是$f$,则$F$是在区间$[a,b]$上连续函数$f$的原函数,该定理不要求证明。然后,通过变上限积分来引入微积分基本定理,并未给出正规的证明。

澳大利亚课标,定积分为和式的极限。新加坡课标,用面积引入定积分,未讲微积分中值定理。英国课标,先讲面积估计,用梯形公式逼近计算来引入定积分。俄罗斯课标,通过研究曲边梯形的面积,大和、小和及其极限来引入定积分,还学习微积分基本定理,但不要求证明,重点放在积分的应用上。中国(台湾理科)课标,通过介绍上、下和及其极限来引入定积分。从高度与面积、速度与距离来理解微积分基本公式。中国(香港应用)课标,定积分是面积和的极限,微积分基本定理的引入方法如同法国(理科),通过变上限积分引入,只不过中国(香港应用)课标给出了微积分基本定理的证明。中国(人教理科)课标,通过变速运动物体在某段时间内的速度与路程的关系,直观解释微积分基本定理的含义。

第五节　结论和启示

通过对上述课标的比较研究和分析,结合知识广度、知识深度、知识难度和知识分布的结果,可以得到下列主要的结论和启示。

一、研究结论

(一) 我国(人教理科)课标在"微积分"内容上的难度和广度都较低

对14个课标进行全面的量化分析。如果选取基础水平或理科的课标中的微积分作为代表,按难度排名,依次是法国(理科)、澳大利亚(基础)、英国、韩国、中国(香港应用)、俄罗斯(基础)、新加坡、中国(台湾理科)、中国(人教理科)、加拿大课标。相比于广度排名,俄罗斯(基础)课标与新加坡课标顺序有调整。跟深度排名顺序是一致的。中国(人教理科)课标的微积分内容难度和广度排名,都是倒数第二。

（二）中国（人教理科）与中国（台湾理科）微积分内容设置最为类似

用类平均法与离差平方和法两种最常用的聚类分析法，分别对课标、知识点进行聚类分析。首先，对课标聚类分析，主要考察哪些课标的微积分设置比较类似。用离差平方和法进行聚类，建议分成两类或四类。其中中国（人教理科）与中国（台湾理科）微积分内容设置最为类似。其次，按知识点进行聚类分析，即对受重视程度类似的知识点归类。在最受重视的知识点里，中国（人教理科）课标没有数列极限概念、导函数概念、二阶导数，其中正弦函数、余弦函数、指数函数、对数函数的求导公式只要求会用，即会查导数表。最不受重视的知识点中，中国（人教理科）课标有"最值"。

（三）各课标部分概念、命题的引入方式、处理方式不同

首先，导数的定义方式有差异。比如，法国课标把增长率的极限定义为导数；英国课标把切线的梯度定义为导数；中国（人教理科）课标通过平均变化率引入导数等。其次，正弦函数、余弦函数、指数函数、对数函数的导数处理方式不同。比如，新加坡、俄罗斯、中国（人教理科）课标只要求会用导数公式，而其他课标则要么不包含这些函数的导数，要么讲得更加详细些。再次微积分基本定理的引入方式不同。比如法国、中国（香港应用）课标通过变上限积分引入微积分基本定理。此外，其他内容也有差异，如导数与极限的顺序不同，定积分引入方式不同等。

二、研究启示

很多文献，对高中开设微积分予以了肯定[1]。那么高中开设微积分应当注意什么？根据本文研究的结论，给出如下建议。

（一）微积分内容设置方面要注意各知识点之间的衔接性、逻辑推理性

导数与极限的关系方面，各课标的处理不尽相同。有的详细讲解极限后，讲导数；有的让学生大致了解极限后，学习导数；有的先大致了解极限，然后引入导数的

---

[1] 胡典顺.新课程中的微积分及其教育价值[J].数学教育学报，2010，19(1)：
13-16.

直观概念,接着深化极限内容,最后讲严格定义的导数。中国逾越极限来讲导数。定积分的定义与微积分基本定理的引入方式,各课标也各有特点。但微积分设置方面,一定得注意各知识点之间的衔接性、逻辑推理性,否则非常不利于学生的理解性学习。比如,中国和法国的高中生在学习微积分时,死记硬背占了很大的比重。在法国马赛大学任教很多年的伊莱恩·普拉特(Elaine Pratt)教授(私下交流)说:"在学习了有很少证明的高中数学教材后,很多大学生甚至不知道什么是证明。"她强调:数学课程要特别注意知识点之间的衔接,跨度不能太大〔1〕。

(二) 要注意一些概念、命题的处理方式

新加坡、俄罗斯、中国(人教理科)课标都要求会使用正弦函数、余弦函数、指数函数、对数函数的导数公式,但不要求会计算、证明,这样的做法也许会滋生学生"死记硬背"的潜意识。其他课标要么不涉及该部分知识,要么会讲得明白一些,而不是直接给出公式。马峰认为"高中阶段如能较为系统地学习微积分知识,可为大学的专业打下良好基础。再考虑到理科学生逻辑思维能力相对来说较强,并且以后学习上的需要,可把理科高中微积分设置得稍微严密些"〔2〕。因此,我们认为中国课程直接给出正弦函数、余弦函数、指数函数、对数函数的导数公式不够合理,微积分内容的选择不能只讲究大、全,应当要符合学生认知的要求。鉴于此,该部分知识的处理有待于进一步的探讨。

其实中国(台湾理科)课标的做法就很不错,主要涉及多项式的微积分,该内容对学生的基础知识要求不多,而且难度也不会太大。张奠宙也认为,"……一般中学生学习微积分的目的在于体验和欣赏一种变量数学的文化,重点放在常量与变量、曲与直、平均速度与瞬时速度、整体与局部等数学思想方法上,展现牛顿那个时代的数学创新风貌,学生所获得的是微积分所带来的一种心灵震撼,体会到初等数学到高等数学的一种思想观念上的升华。这里不追求完整的系统阐述,只用常识来理解极限求导、求积分的论证可以只限于多项式函数……教学课时不会太多,20~30学时也许就够了……"〔3〕。林群用等式、数据来讲解多项式的微积分〔4〕,

〔1〕 张玉环,Alain Leger.中法高中数学课标微积分内容比较研究[J].数学教育学报,2014,23(2):19-25.
〔2〕 马峰.基于实践的高中微积分课程比较研究[J].数学教育学报,2011,20(6):59-63.
〔3〕 张奠宙.也谈中学里为什么要学微积分?[J].数学教学,2012,(7):50.
〔4〕 林群.微积分——让数据说话[J].数学教育学报,2013,22(5):1-3.

降低了微积分的门槛,这对高中微积分的设置来说值得借鉴。

总之,各个国家或地区对高中微积分的设置孰优孰劣? 中国高中微积分到底该如何定位? 有待各方面的考证,进一步地深入探讨。

第九章／高中数学课程信息技术使用的国际比较与分析

　　20 世纪以来,信息技术飞速发展,渗透着也改变着各行各业乃至人类生活的方方面面,教育领域也不例外。从多国的教育改革成功经验和实施现状来看,教育信息化已成为历史的必然趋势。1978 年英国教育科学部就制订计划促进计算机在学校教育中的使用。1996 年美国政府发布 Getting America's Students Ready for the 21st Century: Meeting the Technology Literacy Challenge,要让学校都能连上"信息高速公路"。日本、韩国、新加坡等亚洲国家也于 20 世纪制定了相关政策促进教育的现代信息化发展。西方教育研究者发现信息技术的使用对数学教学的积极影响不容小觑,几十年来我国的教育信息化发展也取得了长足的进步。2001 年《基础教育课程改革纲要(试行)》提出:"大力推进信息技术在教学过程中的普遍应用,促进信息技术与学科课程的整合,逐步实现教学内容的呈现方式、学生的学习方式、教师的教学方式和师生互动方式的变革,充分发挥信息技术的优势,为学生的学习和发展提供丰富多彩的教育环境和有力的学习工具。"2015 年 3 月,我国政府工作报告中提出"互联网＋"行动计划,此后"互联网＋教育"的讨论层出不穷,预示着我国现代信息技术与教育整合新模式、新思路、新方法大幕的展开。现在摆在我们面前的不再是"用不用"而是"怎么用"信息技术的问题[1-2]。因为计算机已经成为我们日常生活的一部分,在工作和学习中发挥着重要作用,倘若我们像鸵鸟一样埋头于沙中,不能迎接信息时代和"互联网＋"背景下新的挑战与机遇,则必将错失 21 世纪的风光[3]。

---

[1] 曹一鸣. 让技术成为学数学用数学的"云梯"[J]. 中国电化教育,2010(5): 78 - 80.

[2] 王珠珠,费龙. 信息技术促进教育变革的内涵及其难点探析[J]. 中国电化教育,2015(7): 1 - 5.

[3] Bardini C. Computer-Based Assessment of Mathematics in PISA 2012[B/LO]. http://link. springer. com/chapter/10. 1007%2F978 - 3 - 319 - 10121 - 7_8 # page - 1,2016 - 01 - 01.

我国普通高中数学课程标准的研制工作于 2000 年启动,2003 年《普通高中数学课程标准(实验)》出版,2004 年秋开始,全国各省市陆续加入高中数学课程改革实验,至今已逾十年[1]。十多年来信息技术飞速发展,快得超乎想象。如今的1 000 元左右的智能手机已经拥有 64 位 8 核处理器,主频高达 2 GB,基本超过十年前高性能台式电脑的水平。各种新型硬件设备也层出不穷,智能手机、平板电脑的普及,教室中电子白板和笔记本电脑取代了早先的实物投影仪和录音机等多媒体设备,教学辅助软件及网络资源也变得越来越丰富。那么,原先的"标准"是否还能适应当今的信息技术发展水平? 是否需要做调整? 在什么方面调整?

通过和其他国家的高中数学课标的横向比较,可以借鉴他国的经验,为我国高中新课标的制定提供思路。另外,澳大利亚[2]、法国、荷兰、新加坡[3]、南非[4]等国都于近年对高中数学课标进行了修订,这些国家在最新版课标中关于信息技术使用的描述也将会为我国的高中数学课标关于信息技术使用的修订提供更好的参考。

具体比较方法如下:

使用质性数据分析软件 MAXQDA 对 14 个国家的高中数学课标(与第二章样本一致)进行编码。

首先,确立编码系统的搜索词汇。在通览全文并和课标翻译人员共同商议后,确立以下目标词汇和扩展词汇(详见表 9-1)。

表 9-1　编码系统的搜索词汇

目标词汇	技术、计算器、计算机、多媒体、软件、网络、计算机辅助教学(CAI)
扩展词汇	信息技术、通信技术、信息通信技术、信息通信技术(ICT)、现代技术、数字技术、电脑、互联网、计算工具、电子表格、图形计算器、科学计算器、GR、平板电脑、个人电脑、PC、动态软件、几何软件、计算机代数系统(CAS)等

然后,利用词汇搜索编码。该过程是为了挑选出课标中信息技术相关的文本片段,保证不重不漏。编码单位为课标文本中的一句(如果一句话包含多个并列

〔1〕 张奠宙.《普通高中数学课程标准》的回顾与展望[J]. 中学数学月刊,2013
(3):1-3.

〔2〕 董连春,Stephens Max. 澳大利亚全国统一高中数学课程标准评述[J]. 数学教育学报,2013,22(4):16-20.

〔3〕 宁连华,崔黎华,金海月.新加坡高中数学课程标准评介[J].数学教育学报,2013(4):1-5.

〔4〕 李娜,曹一鸣.南非国家高中数学课程与评价标准评介[J].数学教育学报,2013(4):6-10.

句,则选取目标词所在的分句编码)或表格中的一行。但并非所有词汇的搜索结果都为编码目标,例如在我国课标中:

随着时代的发展,特别是数学的广泛应用、计算机技术和现代信息技术的发展,数学课程设置和实施应重新审视基础知识、基本技能和能力的内涵,形成符合时代要求的新的"双基"。

随着时代的发展,信息技术已经渗透到数学教学中。

虽然上述文字出现了"计算机技术"和"现代信息技术"等目标词汇,但并非信息技术使用的实质内容,故不对其编码。

最后,对已经挑选出的信息技术相关片段进行知识领域(详见表2-5)的二次编码。

第一节 信息技术使用比重的国际比较与分析

在《数学课程中信息技术运用的国际比较研究——基于中国等十四国小学初中数学课程标准的研究》一文的研究中,横向比较了中国等14个国家数学课标中信息技术使用的比重、类别、学段和内容领域[1],展示了中外小学、初中阶段数学课程中信息技术的使用情况,从小学、初中课标中提及信息技术使用的次数来看,最多的是澳大利亚课标(53处)和中国课标(44处),最少的是俄罗斯课标(5处)和日本课标(3处),美国课标(2处)和芬兰课标(2处),其余除荷兰课标外,各国的课标中对信息技术的提及均在20处以上。

表9-2 14个国家高中课标中信息技术使用的提及次数

国别	法国	澳大利亚	荷兰	中国	英国	俄罗斯	德国
次数	68	71	37	69	12	12	8
国别	新加坡	日本	美国	加拿大	南非	韩国	芬兰
次数	11	12	10	5	10	9	2

[1] 郭衎,曹一鸣.数学课程中信息技术运用的国际比较研究——基于中国等十四国小学初中数学课程标准的研究[J].中国电化教育,2012(7):108-113.

如表 9 - 2 所示,从各国高中课标提及信息技术使用的次数来看,最多的依然是澳大利亚课标(71 处)和中国课标(69 处);最少的是加拿大课标(5 处),芬兰课标(2 处)。从提及的绝对次数来看,各国高中课标普遍高于小学、初中阶段。

当然,课标中信息技术使用的篇幅大小还和该国课标自身篇幅大小(课标篇幅为课标文本的总句数,包括表格的行数)有关,所以应当比较信息技术使用的"提及率":

$$提及率 = \frac{提及次数}{该国课标篇幅}$$

这比单纯的比较绝对提及次数更能说明信息技术使用在该国课标中的重要性。各国高中和小学、初中数学课标中信息技术的"提及率"如表 9 - 3 所示,高中阶段澳大利亚课标(8.99%)、荷兰课标(8.20%)、中国课标(5.98%)依然位居前列,法国课标(9.15%)跃居榜首。大部分国家的高中课标中信息技术使用的"提及率"相较于小学、初中均有所提高,其余国家课标也基本持平,其中"提及率"提升最为突出的是:法国、日本、美国、韩国的课标。根据对小学、初中数学课标中信息技术使用的国际比较研究,小学、初中阶段信息技术使用主要集中在初中学段,高中课标的分析也再次印证了"课标中信息技术使用趋向于高年级"这一特点。

表9-3　14个国家课标中信息技术使用的提及率

国　　别	法国	澳大利亚	荷兰	中国	英国	俄罗斯	德国
高　中	↑9.15%	↑8.99%	8.20%	6.07%	↑5.43%	↑3.45%	2.99%
小学、初中	4.50%	8.13%	8.88%	6.34%	5.02%	2.12%	3.22%
国　　别	新加坡	日本	美国	加拿大	南非	韩国	芬兰
高　中	↑2.72%	↑2.61%	↑2.55%	1.78%	1.69%	↑1.16%	↑0.71%
小学、初中	1.83%	0.46%	0.42%	2.36%	2.08%	0.60%	0.62%

注:按照高中课标中的"提及率"从高到低排列,↑表明"提及率"相对小学、初中课标有所提升。

图 9 - 1 是数学课标信息技术使用相关文本分布示意图,白色矩形区域代表课标文本全体,黑色小方块代表在相应比例的位置上处信息技术使用的相关文字,黑色小方块的长度代表相关文字表述的长度。根据对我国小学、初中课标的分析,义务教育课标中提及信息技术的分布呈现出"两头多中间少"的态势。具体说来,我国课标在"前言"和"实施建议"中有大段关于信息技术使用的论述,但在具体学段的课程内容中关于信息技术使用的提及率却仅占整个课标的 1.15%。

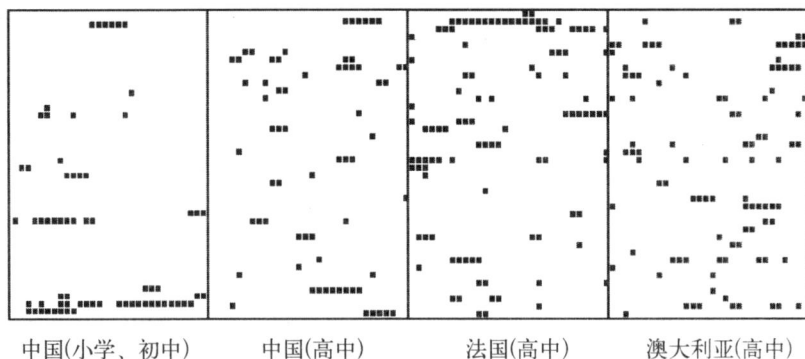

中国(小学、初中)　　中国(高中)　　法国(高中)　　澳大利亚(高中)

图 9 - 1　数学课标信息技术使用相关文本分布示意图

高中课标中虽然在"前言"和"实施建议"中也有关于信息技术的成段论述,例如在课标的第四部分"实施建议"中:

随着时代的发展,信息技术已经渗透到数学教学中。如何使现代信息技术为学生的数学学习提供更多的帮助,是教材编写中值得注意和进一步思考的问题。使用现代信息技术的原则是有利于对数学本质的理解。教材可以在处理某些内容时,提倡使用计算器或计算机,帮助学生理解数学概念、探索数学结论,还应鼓励学生使用现代技术手段处理繁杂的计算、解决实际问题,以取得更多的时间和精力去探索和发现数学的规律,培养创新精神和实践能力。另一方面,现代信息技术不仅在改进学生的学习方式上可以发挥巨大的潜力,而且可以渗透到数学的课程内容中来,教材应注意这些资源的整合。

但具体教学内容中的提及率到达了 4.14%,相比义务教育课标有较大提升,与法国、澳大利亚等国课标的分布情况接近。例如在课程标准的第三部分"内容标准"中的表述:

结合具体实例,了解 $y = A\sin(\omega x + \varphi)$ 的实际意义;能借助计算器或计算机画出 $y = A\sin(\omega x + \varphi)$ 的图像,观察参数 A,ω,φ 对函数图像变化的影响。

根据具体函数的图像,能够借助计算器用二分法求相应方程的近似解,了解这种方法是求方程近似解的常用方法。

利用实物模型、计算机软件观察大量空间图形,认识柱、锥、台、球及其简单组合体的结构特征,并能运用这些特征描述现实生活中简单物体的结构。

借助教具或计算机软件,观察圆在直线上滚动时圆上定点的轨迹(平摆线)、直线在圆上滚动时直线上定点的轨迹(渐开线),了解平摆线和渐开线的生成过程,并能推导出它们的参数方程。

第二节　信息技术使用种类的国际比较与分析

信息技术(IT)常常也被称为信息通信技术(Information and Communications Technology,简称 ICT),这个词的定义宽泛,既包括各种电子、微电子设备,也包括软件资源,既包括信息的加工设计(课件制作),也包括信息的传递分享(网络、多媒体展示等),正如前文列出的诸多目标词汇,各国课标中所提及的信息技术也种类繁多。

表9-4　14个国家小学、初中课标中信息技术使用的种类

国　别	信息技术种类
荷　兰	计算器、计算机、文字处理软件、信息通信技术
澳大利亚	计算器、计算机、数字技术、动态几何软件
中　国	计算器、函数计算器、计算机、资源(多媒体光盘、网络、课件)、数学软件、信息技术
英　国	计算器、计算机、电子表格、几何软件、信息通信技术
法　国	计算器、计算机、电子表格、动态几何软件、空间几何软件、计算软件
德　国	小型计算器、计算机、电子表格、计算代数系统、动态几何软件
加拿大	计算器、图形计算器、现代技术、视频技术
俄罗斯	计算器、计算机
南　非	计算器、多媒体技术
新加坡	计算器、科学计算器、计算机
芬　兰	计算器
韩　国	计算器、计算机、教育软件
日　本	计算器、计算机
美　国	几何软件

表9-5　14个国家高中课标中信息技术使用的种类

国　别	信息技术使用种类
法　国	网络、计算机、计算器＊(可编程)、软件＊(动态几何软件、空间几何软件、电子表格、计算软件)、计算机代数系统或符号计算系统
澳大利亚	数字技术＊、信息技术＊、计算机、计算器、软件(财务软件、电子表格)
荷　兰	信息技术＊、计算机＊、图形计算器
中　国	信息技术、计算机辅助教学、多媒体、网络、计算机＊、计算器＊(科学型计算器)、软件
英　国	信息技术、网络、计算机、计算器＊
俄罗斯	信息技术、互联网、计算机＊、计算器(计算工具)
德　国	计算器、软件＊(几何软件、电子表格)
新加坡	图形计算器＊
日　本	信息技术、网络、计算机＊、计算器(图形计算器)、软件
美　国	信息技术＊、计算器、几何软件、电子表格
加拿大	计算机、计算器、软件(统计软件)
南　非	信息技术＊、计算器
韩　国	软件＊(数学软件)
芬　兰	计算机、计算器

注：标＊的为该国高中课标内重点提及信息技术种类,其中法、澳、中等总体提及量较大的国家标出的是提及超过10次的信息技术种类,芬兰、加拿大由于提及量过少而未标注。

如表9-5所示,在14个国家的高中课标中,法国课标中信息技术使用的种类最丰富,表述也最具体。新加坡、韩国和芬兰课标中信息技术的使用则较为单一。美国、日本高中课标在信息技术的"提及率"上有所提高(美国的小学、初中课标中仅提及两处"几何软件"),使用的种类也更加丰富,其高中课标涉及了"计算器""电子表格"等。据统计,各国课标中提及最多的是"信息技术""计算机""计算器"和"软件"。法国高中课标和小学、初中课标一样,不但提及了"计算机、计算器"这类常见的电子设备,还提到了具体的软件(动态几何软件、空间几何软件、电子表格、计算软件)。此外,在德国小学、初中课标中提及的"计算机代数系统",在法国高中课标中也有提及。澳大利亚课标也仍旧保持着其比较抽象的表述风格,在71处信息技术相关的文本中,有59处(80%以上)使用的是"数字技术"或"信息技术",而较少提及具体的软件或硬件。

关于常见信息技术设备——计算器,中国、法国、荷兰、新加坡、日本的课标都提出了更进一步的要求：

中国课标鼓励学生"应尽可能使用**科学型计算器**、计算机及软件、互联网，以及各种数学教育技术平台，加强数学教学与信息技术的结合""在高中数学课程中，要重视运算、作图、推理、处理数据以及科学计算器的使用等基本技能训练"；

法国课标要求学生"能够使用**带逻辑功能的计算器**"；

荷兰课标要求学生"能使用带有统计处理功能的**图形计算器**""能利用**图形计算器**计算黎曼积分"；

新加坡课标对学生的考查标准包括"在不同背景下理解和应用数学知识技能，包括数学表达式的变形和**图形计算器**的使用""利用**图形计算器**画出给定函数的图像"；

日本课标要求数学教学过程中"积极地应用计算机、能作图的**掌上计算器**、通信网络技术等来直观呈现和分析数学数据"。

此外，英国和新加坡高中课标中还有专门的段落对计算器的使用做出说明。和小学、初中课标一样，英国高中课标对计算器使用的要求已经详细到了操作层面，例如：

快速有效地使用计算器，知道怎么输入复杂的计算式；使用各种函数运算键，包括三角函数和统计函数；理解计算器的显示结果，知道什么时候解释显示结果；用计算器或者笔算，去计算一个计算式的上下界，尤其是在处理测量问题的时候；使用科学记数法表示运算结果，知道怎么在计算器中输入科学记数法；使用计算器计算百分数问题的逆运算，通过做一个适当的除法；用计算器去探索指数增长或者下降的问题，包括使用乘法和指数运算的功能键。

新加坡高中课标则对考试中的计算器使用给出解释说明：

在考试中允许使用没有计算机代数系统的图形计算器。试卷的命定以应试者可以使用图形计算器为前提。一般情况下，除非题目有特别说明，直接由图形计算器得出的没有提供具体解题过程的答案是允许的。当由图形计算器得出的未经证实的答案不被接受时，应试者应提供由数学符号而不是计算器指令呈现的具体的数学步骤；对于利用图形寻求解答的问题，应试者需要画出图形作为其解答的一部分。没有具体步骤的错误答案是没有得分的，然而，如果有书写证明正确地使用了图形计算器，那么会有方法分。

学生必须清楚图形计算器的使用有着特定的限制。例如，通过追踪图像寻求到的方程的根可能达不到所要求的精度。

第三节　信息技术使用的知识领域的国际比较与分析

为了对高中课标有更为细致的分析,同时兼顾各个国家的知识内容差异,确定统一分析框架,将各国高中课标分为 5 个知识领域,32 个知识单元[1](如表 2 - 5 所示),以便进行横向比较。

先对 14 个国家课标按照 5 个知识领域进行分析,根据课标中具体知识领域中信息技术使用情况得到表 9 - 6。再对三个信息技术使用提及率较高的国家(中国、澳大利亚、法国)的高中课标在 32 个知识单元上的提及情况做比较,得到表 9 - 7。

表 9-6　14 个国家高中课标在 5 个知识领域下信息技术使用情况

国　别	数与代数	图形与几何	概率与统计	微积分	其　他
法　国	✓	✓	✓	✓	✓
澳大利亚	✓		✓	✓	✓
荷　兰	✓		✓	✓	
中　国	✓	✓			✓
英　国	✓	✓			
俄罗斯	✓	✓			
德　国	✓	✓			
新加坡	✓			✓	
日　本		✓	✓		✓
美　国	✓	✓	✓		
加拿大					✓
南　非	✓		✓	✓	
韩　国	✓		✓	✓	
芬　兰			✓		

[1]　曹一鸣,严虹.高中数学课程内容及其分布的国际比较——基于 12 个国家高中数学课程标准的研究[J].数学通报,2015,57(7):9 - 14.

表9-7　中、澳、法高中课标32个知识单元中信息技术使用情况

		中　国		澳大利亚		法　国	
		必修	选修	必修	选修	必修	选修
数与代数	函数	✓		✓		✓	
	数与数系			✓			
	方程	✓	✓	✓		✓	
	代数式			✓		✓	
	不等式					✓	
	数列					✓	
	其他	✓		✓		✓	
图形与几何	立体几何	✓	✓			✓	
	解析几何		✓			✓	
	平面几何						
	其他		✓	✓			
概率与统计	概率	✓		✓		✓	
	统计	✓	✓	✓		✓	
	其他						
微积分	微分学			✓		✓	
	积分学						✓
	其他						
其他	向量	✓	✓			✓	
	组合数学			✓		✓	
	推理与证明		✓				
	矩阵			✓			✓
	微分方程			✓			
	常用逻辑用语						
	数值代数			✓			✓
	集合						
	线性代数			✓			✓
	图论			✓			
	数论		✓				
	幂级数						
	算法初步	✓					✓
	仿射投影			✓			
	数学建模		✓	✓			✓

代数内容中信息技术使用的提及较多,并且主要集中在复杂的数值计算和函数部分。高中课标在概率统计中提及信息技术使用的国家达到了 12 个,仅俄罗斯和新加坡课标没有提及。

在代数方面,各国课标均有共同特点,即利用信息技术代替繁杂计算。如:我国课标**"鼓励学生使用现代技术手段处理繁杂的计算、解决实际问题,以取得更多的时间和精力去探索和发现数学的规律,培养创新精神和实践能力"**;澳大利亚课标指出**"当需要进行多次计算或者重复计算时,使用电子表格"**。但在具体的知识单元却不太一样,我国课标主要集中在函数图像的展示,澳大利亚和法国课标还包括方程、不等式、数列内容上的信息技术使用,应用范围更加广泛。

在几何方面,各国信息技术的使用主要集中在平面解析几何与空间立体几何上。与小学、初中阶段澳大利亚和荷兰大量提及信息技术相比,这两国在高中阶段表现恰恰相反。澳大利亚高中课标在几何方面没有提及信息技术使用,事实上澳大利亚高中课标几何部分本身内容就极少。同样,荷兰课标的几何部分也只涉及了"平面几何的作图和证明",也未提及信息技术使用。

在概率统计方面,各国的高中课标提及信息技术比较普遍,特别是在统计上的应用,除俄罗斯和新加坡之外,其余国家的高中课标均有涉及。如澳大利亚课标要求学生**"能够有效地利用数字技术进行绘图,同时能够有效地利用数字技术展示和整理这些信息,从而解决不同情境中的常规和非常规问题"**,并且在"假设教室内能够使用相关技术"时设计离散型概率分布、连续型概率分布等的教学。

在微积分方面,不到半数国家的课标中提及信息技术,且主要集中在微积分意义的展示和计算,我国课标在微积分部分并未涉及信息技术。如澳大利亚和法国高中课标使用软件工具展示导数的意义,荷兰课标要求使用信息技术精确计算定积分的值,如**"能利用图形计算器计算黎曼积分"**。

在其他方面,澳大利亚的课标涉及最广,在组合数学、矩阵、微分方程、数值代数、图论等知识单元中均有涉及,而其他国家课标在相关内容中使用信息技术较少,大多集中于矩阵计算。

第四节　信息技术在考试评价中的使用

数学课程和信息技术的整合程度和考试评价信息息相关,我国在升学考试中禁止使用电子设备往往被认为是信息技术无法和学生数学学习深度整合的重要因素,不少家长、教师甚至学生担心如果日程学习中"依赖"信息技术,会导致纸笔考试成绩不佳。

PISA 2012 报告显示,我国上海的学生在基于计算机的数学测试中表现并不理想,和纸笔测试中的优异表现相去甚远(原文为:Shanghai-China saw **a large difference**, of around 50 score points, in favour of the paper based format.)。同样的问题也出现在 PISA 基于计算机的问题解决专项测试中。在 PISA 官方的机考与纸笔测试成绩的落差分析中,上海位列倒数第二(如图 9 - 2,详情请见 PISA 2012 报告第五卷)。

问题解决能力的相对表现

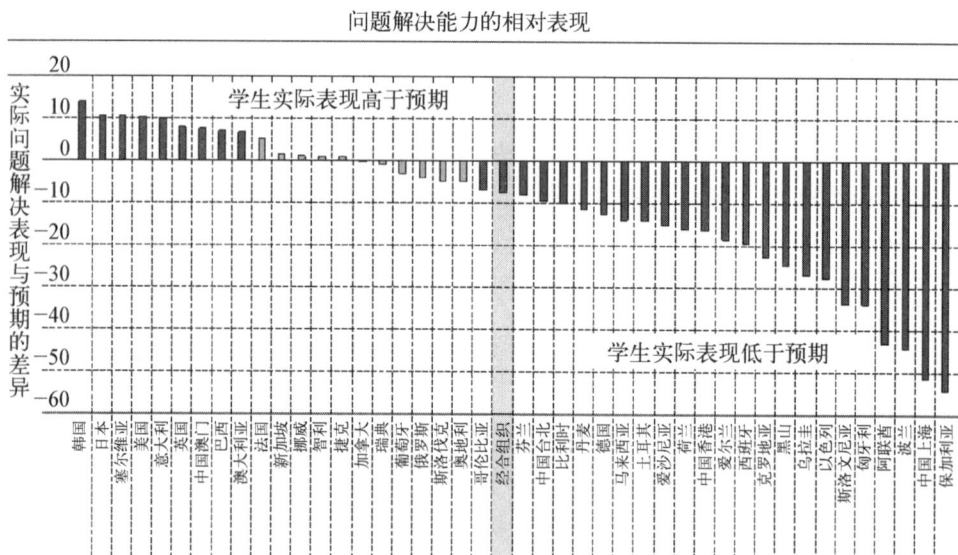

图 9 - 2　基于计算机环境的问题解决测试和常规测试的表现差异

也就是说,我国上海学生的基于计算机的测试表现与之数学、科学、阅读的纸笔测试成绩严重不相匹配。有学者指出上海学生在学校和家庭中的电脑使用率远低于经合组织平均水平,即可能是因为学生不熟悉计算机测试环境。不论原因到底如何,但倘若上海的学生尚"不熟悉计算机",那么全国整体情况想必更不理想。就目前我国的信息化建设速度,信息技术环境无疑是未来学习和工作的"基本配置",特别是学生后继学习的高等教育、科学研究环境中则更加倚重信息技术的使用。我国学生在基于计算机测试中的表现落差不得不令人担忧。

诸如高考等教育测试的形式变革不可能一蹴而就,但课程标准却能为此发展做好铺垫,他国数学课标中也有一些信息技术在考试评价中的使用经验值得参考:

首先是明确信息技术的使用种类,如新加坡、美国、加拿大、澳大利亚等国允许学生在数学考试中使用图形计算器,甚至明确列出允许在考试中使用的图形计算器型号。考试的指挥棒势必会推动信息技术在学校教育中使用和普及。但很多国家的数学课标也不能够做到信息技术在考试中的完全开放,因为这将给命题和考试的公平性带来挑战,即使 PISA 的数学机考环境目前也只模拟了计算器、动态几何、电子表格等应用,所以需要明确能够在考试使用的信息技术种类。

其次是调整相应的教学目标和考试内容。信息技术的使用将为数学学习和考试带来新的挑战,例如考试一旦允许图形计算器或计算机代数系统计算工具,那么传统考试中的因式分解、方程求解、函数交点都不再有意义,取而代之的是复杂函数图像近似解、动态过程中的最优解,以及传统考试不方便测查的数据拟合、统计推断等,考试重点也将转为对数学模型、模式、规律的探索和建立。此外,因为信息技术的加入,问题解决的过程也不再单一,新加坡课标指出**"除题目特别说明外,直接由图形计算器得出答案,没有提供具体解题过程也是允许的"**,这或许带有某种"实用主义"的色彩,当大部分学生在大学进入其他学科学习或在将来工作和生活中,培养提出问题、解决问题的思维远比掌握某种具体的技术更加重要。

最后是给出考试评价建议。我国目前对基于信息技术的考试命题尚缺乏经验,因为基于信息技术的数学测试绝非是纸笔测试信息化或允许在数学考试中使用计算器这么简单。评价目的、考试内容、评分标准都需要基于新的考试环境重新设计,因此,课程标准在提出教学建议的同时,也应该给出考试评价的建议和样题,以指导学校教育中的阶段性考试评价工作。除了其他国家的课标外,也可以参考实施经验比较丰富的美国大学入学考试(American College Test,简称 ACT)或基于计算机环境的 PISA 测试。

第五节　结论和启示

一、高中阶段信息技术使用的比重和范围扩大

通过和小学、初中课标比较发现,大部分国家高中课标中信息技术的"提及率"都有所提升,其中较为明显的是法国、日本、美国、韩国课标。日本、美国、韩国两阶段课标文本均由同一机构于同一年发布,法国课标由法国教育部连续修订发布,即"提及率"的提升并非由课标体例的不同或编写理念改变而造成。同时,课标中信息技术使用的种类和知识领域也都有所扩大。

究其原因,一方面,随着学生年龄的增长和认知发展,学生允许使用、能够接受和可以操作的信息技术进一步放宽,如芬兰、新加坡、韩国和我国课标在小学低年级就没有信息技术的相关文本;另一方面,随着课程内容的逐渐丰富,信息技术使用的种类和涉及的知识领域也越来越多。同时,参考其他国家课标中信息技术种类的表述和目前信息技术的发展,我国课标对信息技术的部分表述应有所调整,如"多媒体技术"已稍显陈旧,不再是现代信息技术的主流词汇,应当倡导如在线学习、多终端(平板电脑、手机)等新教育技术。

二、教学中信息技术使用的定位

在很多国家的高中课标中,都明确了信息技术的重要优势,并鼓励利用现代信息技术优化数学教学[1]。例如,澳大利亚课标将"使用信息与通信技术"列为七项"基本能力"之一;荷兰课标将信息技术的使用视为学生的"基本能力",并且还有专门的"技术工具操作能力"要求学生使用信息技术进行数学推理和运算;我国高中课标也将"科学计算器的使用"视为基本技能,在课程的基本理念中提出注重信息技术与数学课程的整合,也提出了信息技术整合课堂教学和教材编写的实施建议。

新加坡和澳大利亚课标强调了信息技术的优势,促进信息技术与课程教学整合,但也要求师生认识到技术本身的限制和灵活掌握技术。新加坡课标中使用图形计算器属于"理解和应用数学知识的技能",同时也要求学生"必须清楚图形计算器的使用的限制"。澳大利亚高中课标中的课程设计都基于学生在学习时有大量信息技术可以使用的前提,如果使用恰当,信息技术将优化数学教学,但仍会要求学生掌握不依赖于信息技术的技能,选择什么时候使用以及使用什么种类信息技术,还有对信息技术的灵活使用,都是非常重要的能力。这些对信息技术使用的辩证观念可以为我国高中新课标的编写提供参考。

三、课标中信息技术使用描述的具体化

我国义务教育阶段课标中的信息技术使用存在"两头多中间少"的情况,即在

---

[1] 郭衎,曹一鸣.数学课程中信息技术运用的国际比较研究——基于中国等十四国小学初中数学课程标准的研究[J].中国电化教育,2012,(7):108 - 113.

前言和实施建议中有较大篇幅的关于信息技术使用的建议,但没有具体说明使用何种技术,且具体课程内容中的使用要求较少。该现象在高中课标中有所改善,具体的信息技术种类更加明确,课程内容中的提及率也有所提高,整体分布更加均匀。

其他国家的高中课标在信息技术的具体化描述(用哪种技术,在哪里用,用到什么程度)值得我们借鉴。在信息技术使用种类方面,法国课标详细划分了信息技术的三种使用环境:教师在课堂上的集中演示,学生的数学实践,学生的课外作业。课标中所提及的信息技术种类丰富、描述具体,在有关"软件"的使用中具体到了"动态几何软件""电子表格""空间几何软件"和"计算软件"等。法国、澳大利亚、荷兰等国课标在统计学和高等数学的知识领域的信息技术与数学课程整合的经验。我国高中课标应鼓励学生在统计学习中使用统计软件(如电子表格),特别是在数据的收集、整理、分析、展示,减轻学生抄录数据、繁杂计算和绘制图表的负担,更加关注学生统计思维、逻辑思维和建模思想的培养。

四、信息技术在考试评价中应用的启发

有些国家的纸笔测试已经允许使用电子计算设备,课标说明在考试中允许使用信息技术,命题也基于考生可以使用信息技术的前提。事实上,我国课标中也"鼓励学生使用现代技术手段处理繁杂的计算,以取得更多的时间和精力去探索和发现数学的规律,培养创新精神和实践能力",但由于考试中禁止使用计算设备,所以考题中的数据和背景往往只能是经过"精心设计"的"伪情境",限制了试题命制的自由度和考生解决实际问题的可能性。信息技术在数学教学中的应用,不仅仅是和数学内容的整合,更是内容表达传递方式的变革,如信息技术在测试评价中的交互性和即时性,都将为学生提供更加丰富、真实、快捷的学习评价和结果反馈。

妥善解决课标与考试评价中的尴尬矛盾,将有利于信息技术与数学课程在教学实践中的进一步融合,让学生将更多的精力集中在高层次的数学思考和问题解决上。以一个问题结尾也留作思考:在传统纸笔数学测试中表现优异的我国学生,是否能在未来的国际化竞争中保持优势,展示信息时代他们应有的风采?

图书在版编目(CIP)数据

高中数学课程标准的国际比较研究 / 曹一鸣等著. —上海：
上海教育出版社,2017.4
(中小学数学课程国际比较研究丛书/曹一鸣主编)
ISBN 978-7-5444-7405-4

Ⅰ.①高...　Ⅱ.①曹...　Ⅲ.①高中—中学数学课—课程标
准—对比研究—世界　Ⅳ.①G633.602

中国版本图书馆CIP数据核字(2017)第083418号

策划编辑　刘祖希
责任编辑　周明旭　　赵海燕
封面设计　王　　捷

中小学数学课程国际比较研究丛书

高中数学课程标准的国际比较研究
曹一鸣　等著

出　　版　上海世纪出版股份有限公司
　　　　　上　海　教　育　出　版　社
　　　　　官　网　www.seph.com.cn
　　　　　易文网　www.ewen.co
地　　址　上海市永福路 123 号
邮　　编　200031
发　　行　上海世纪出版股份有限公司发行中心
印　　刷　苏州望电印刷有限公司
开　　本　700×1000　1/16　印张 10.75　插页 3
版　　次　2017 年 5 月第 1 版
印　　次　2017 年 5 月第 1 次印刷
书　　号　ISBN 978-7-5444-7405-4/G·6099
定　　价　36.00 元

(如发现质量问题,读者可向工厂调换)